図解でわかる
14歳から知る
半導体と私たち

SEMIジャパン・監修
インフォビジュアル研究所・著

太田出版

図解でわかる
14歳から知る

半導体と私たち

目 次

> **はじめに**
> 人類がつくりあげたナノサイズの世界
> 半導体の進化に寄せられる大きな期待
> ………………………………… 4

Part 1 ようこそ半導体ワールドへ

1 私たちは半導体に
囲まれて暮らしている ……………… 6

2 半導体の世界は超微細にして
壮大なフロンティア ……………… 8

3 半導体産業はこの40年間で
着実に成長し続けている …………… 10

4 私たちが目指すスマート社会
その土台には常に半導体が………… 12

5 緑の地球をデジタル技術で守る
デジタル＆グリーンを支える半導体 … 14

Part 2 家電を支える半導体の進化をたどる

SEMI ジャパン・代表取締役 浜島雅彦さん

1 半導体の歴史はトランジスタから。
電子回路の小型化がここから始まる… 16

2 1970年代にIC（集積回路）誕生
半導体は超小型化の時代へ ………… 18

3 マイコンの登場が
多機能の日本の家電を生み出す ……20

4 1980年代後半からCPUが高性能化
90年代は半導体センサーが大活躍 …22

5 ゲーム機とスマートフォンが
半導体の進化を牽引した2000年代 …24

6 半導体の劇的な進化が
AI（人工知能）の未来を切り開く ……26

Part 3 電気と半導体の基礎知識

1 電気のもとになるのは
原子から飛び出した電子 ……… 28

2 電気が流れる仕組み
導体・絶縁体・半導体 ………… 30

3 シリコンから作る半導体の基本形
N型半導体は自由電子が電気を運ぶ… 32

4 もう1つの基本形、P型半導体は
正孔（ホール）が電気を運ぶ ……34

5 半導体の3つの働き
電流制御・増幅・変換………… 36

6 電流を一方向に流す
ダイオードの仕組み …………… 38

7 トランジスタが担う2つの機能
電気信号のスイッチングと増幅 …40

8 極小部品でできたIC（集積回路）が
オンとオフで計算する仕組み……… 42

9 マイコンは超小型のコンピュータ
その仕組みと働きを知ろう……… 44

10 光と電気を変換する光半導体
LEDやイメージセンサーの仕組み … 46

11 CPUの進化とGPUの誕生を
設計事務所にたとえて見てみよう… 48

12 データを記憶する半導体メモリ
RAMとROMの違いと働き……… 50

13 3次元チップ・チップレット・高層メモリ
新しい半導体が次々生まれている … 52

Part 4　半導体製造の現場から

1. 急成長を遂げる
半導体業界の現在と未来 …… 54
東京エレクトロン株式会社
代表取締役社長・CEO 河合利樹さん

2. まず半導体製造の全工程を
大まかに知っておこう ………… 58

3. 新規半導体開発スタート
回路設計とシリコン素材の調達だ!! … 60

4. 半導体作りは、ウェハの洗浄後
様々な膜をつける工程から始まる … 62

5. フォトリソグラフィで
シリコンに電子回路を写しとる … 64

6. 不要な膜を除くエッチング工程の後
イオン注入によって不純物を添加 … 66

7. シリコンウェハ上に集積回路を作る
極小の半導体作りの山場です …… 68

8. トランジスタの銅配線は
伝統工芸の象嵌に似ている …… 70

9. ウェハ完成から検査、
そしてチップの切り離しへ …… 72

10. シリコンチップを固定する工程は
ボンディングと呼ばれる ………… 74

11. 封止、検査、そして刻印を受け
ようやく半導体が完成する …… 76

Part 5　半導体の仕事世界を知る

1. 半導体業界で活躍する
主要プレーヤー勢揃い …………… 78

2. 半導体業界の主要プレーヤー
その業態の変遷と現状 …………… 80

3. 半導体メーカーの自前と委託
そのメリットとデメリットとは …… 82

4. ファウンドリーはTSMCの1強体制
製造装置と材料の分野で日本が大健闘 … 84

5. 世界の半導体産業を牽引する6地域
その競争と協業、そして覇権 …… 86

6. 日本の半導体産業復活への路
最大の課題は若い人材の確保 …… 88

おわりに ………………………	90
参考文献・参考サイト …………	91
索 引 ……………………………	92

人類がつくりあげたナノサイズの世界
半導体の進化に寄せられる大きな期待

　いまなお傑作とされる古いSF映画があります。1966年に公開され、全世界で大ヒットしたアメリカ映画『ミクロの決死圏』です。脳内出血で命の危機にある科学者を救うために、救助隊が潜航艇ごと縮小されて人体の中に潜行し、体内で起こるアクシデントを克服して患者を生還させるという物語です。

　救助隊が縮小されたサイズはミクロサイズ。1μm（マイクロメートル）は1mmの1000分の1にあたり、体内の細菌や赤血球などと同じ大きさです。当時の人々が想像できた最小サイズが、ミクロだったのでしょう。

　もし、現在の科学技術をもとにして、同様の映画をつくるとしたら、その縮小サイズは劇的に小さく、ナノレベルにまで達するに違いありません。1nm（ナノメートル）は1mmの100万分の1。細菌よりもずっと小さなウイルスの大きさが10〜300nmですから、いかに小さいかが想像できるでしょう。

　この新作映画で、ナノレベルに縮小された人間が目にするのは、どんな光景でしょう。その舞台となるのは、細胞がうごめく人体ではなく、電子が飛び交うシリコンの世界です。広大なシリコンチップには、50ナノメートルという極小のトランジスタが無数に積み重なり、高層ビルのようにそびえ立っています。そこでは、目にも留まらぬ速さで電気信号がやりとりされています。

　この世界が『ミクロの決死圏』と違うのは、ミクロとナノの差だけではありません。決定的に異なるのは、人体のように自然が生み出したものではなく、人類がつくりあげた超極小で精巧な世界だということです。

　それが、これから皆さんをご案内する半導体の世界です。

　半導体とは、シリコンに代表されるように、条件によって電気を通したり通さなかったりする性質をもつ物質のこと。その性質を利用して作られた電子部品のことも半導体と呼ばれます。私たちが毎日目にするスマートフォンや家電

製品の中にも、たくさんの半導体が使われています。私たちは、小さな半導体が繰り広げる広大な世界をこの手にもっているのです。

半導体の歴史は、1947年にトランジスタという電子部品が発明されたことから始まります。トランジスタは電気のオン・オフを切り替える機能をもち、これを０と１に置き換えて計算などに利用することで、コンピュータの原型が生み出されました。以来、コンピュータ産業は、高性能化の競争を続けてきました。いかにトランジスタを小型化して数多くシリコンチップに詰めこむかの競争です。この競争がついに、数億個のレベルに達したのが、現在です。

半導体を生産する産業は、いまや自動車産業に匹敵する巨大産業に成長しています。販売総額は2023年度で5000億ドルを超え、今後も成長し続け、2030年には１兆ドルを超えると予想されているのです。

この予想の背景にあるのは、今後さらに進むコンピュータの技術革新です。AI（人工知能）の飛躍的な進化と産業への導入、これまでのコンピュータを古典にしてしまう量子コンピュータの開発など、今後20〜30年で私たちの社会を根底から変えかねない技術革新が、現在進行しています。そして、この革新の中核にあるのが、半導体技術の進化です。

さらに半導体技術には、もう１つの重要な役割が課されています。それは、私たちが現在直面している地球温暖化による気候変動の危機を回避することです。地球温暖化を引き起こす化石燃料から、新しいエネルギー源へと転換するために、半導体技術の貢献が期待されているのです。

それを実現するために何が一番必要か、その答えも明白です。新しい知性、新しい世界観に支えられた若い人材です。もしかしたら近い将来、こんな求人広告がネットに溢れるかもしれません。
「ナノサイズのフロンティアで活躍するエンジニア・クリエーター、大募集!!」

Part 1
ようこそ半導体ワールドへ ①

私たちは半導体に囲まれて暮らしている

半導体って難しくてよくわからない。そう思っていませんか。特殊なメガネで周りを見てみましょう。家電製品から人工衛星まで、あらゆるところで小さな半導体が働いています。半導体は私たちの暮らしの中に溢れる身近な存在なのです。そんな半導体の世界を皆さんと一緒に探っていきましょう。

Part 1 ようこそ半導体ワールドへ ❷

半導体の世界は超微細にして壮大なフロンティア

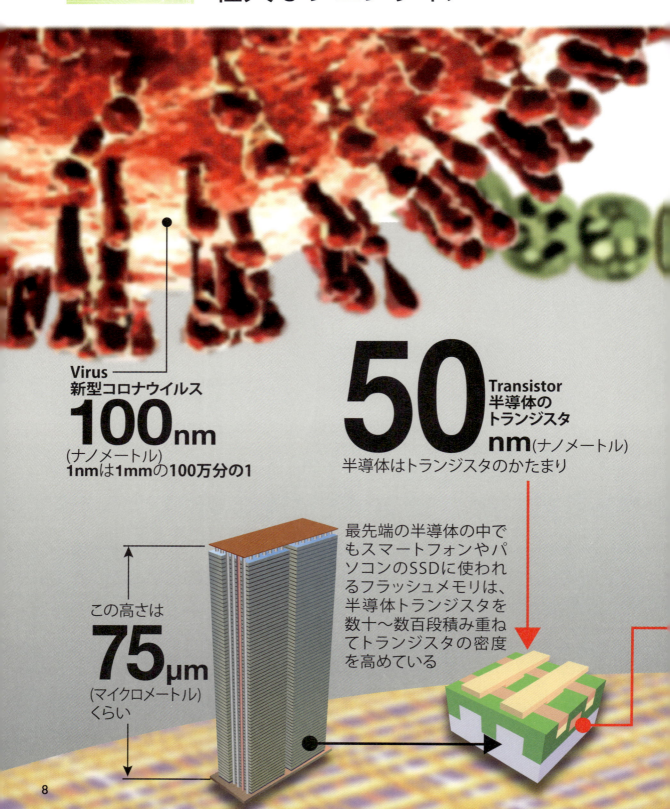

Virus
新型コロナウイルス
100 nm
（ナノメートル）
1nmは1mmの100万分の1

Transistor
半導体のトランジスタ
50 nm（ナノメートル）
半導体はトランジスタのかたまり

この高さは
75 μm
（マイクロメートル）
くらい

最先端の半導体の中でもスマートフォンやパソコンのSSDに使われるフラッシュメモリは、半導体トランジスタを数十〜数百段積み重ねてトランジスタの密度を高めている

小さな半導体の広大な世界

皆さんが日頃使うスマートフォンの中では、いくつもの半導体が働いています。半導体は金属や樹脂でカバーされ、本体は大きいもので1cm角くらいのシリコン製のチップです。チップ上にはトランジスタなどの電子部品がセットされ、その働きによってスマートフォンが動いているのです。

では一体いくつのトランジスタが働いているのでしょう。最新の例では、なんと数億個といわれています。となるとトランジスタ1個の大きさはどのくらいでしょう？

下の図を見てください。最先端のトランジスタの大きさは50nm（ナノメートル）。新型コロナウイルスの半分ほどしかありません。半導体が働く世界が、どれほど微細な世界かイメージできるでしょう。

そんな小さな半導体が、技術革新によって常に進化し、AI（人工知能）をも動かしています。超極小の半導体世界は、人間の知性の壮大なフロンティアでもあるのです。

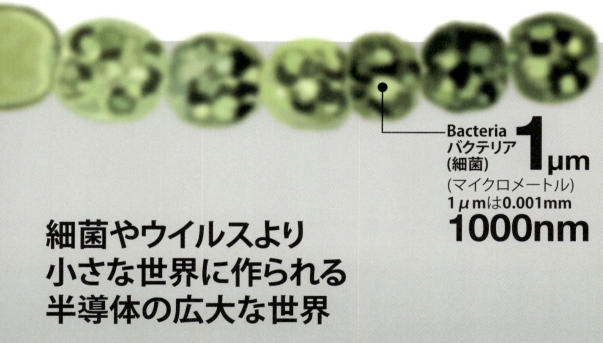

細菌やウイルスより小さな世界に作られる半導体の広大な世界

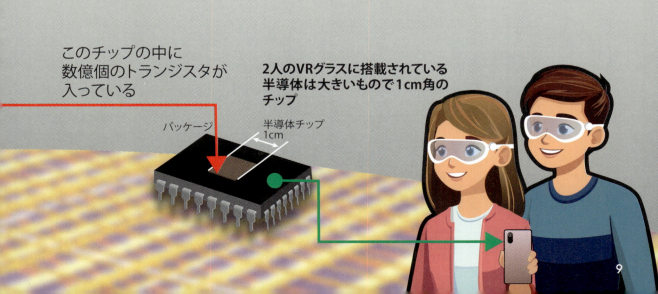

Part 1 ようこそ半導体ワールドへ ❸

半導体産業はこの40年間で着実に成長し続けている

データ量の増加につれて急成長

半導体産業は誕生以来、驚異的に発展し続けてきました。下のグラフは、半導体産業の過去約40年間の成長を表したものです。半導体産業が、大きく3つのステップを踏んで成長していることが見てとれます。

最初がパソコン出現の時代。次は1990年代、大量のデータをサーバーに蓄積して利用するインターネットの時代。そして3つ目が2000年代以降の、より巨大なデータをクラウドで処理する時代です。人間が扱うデータ量の増加が、半導体産業の成長の動因であることがよくわかります。

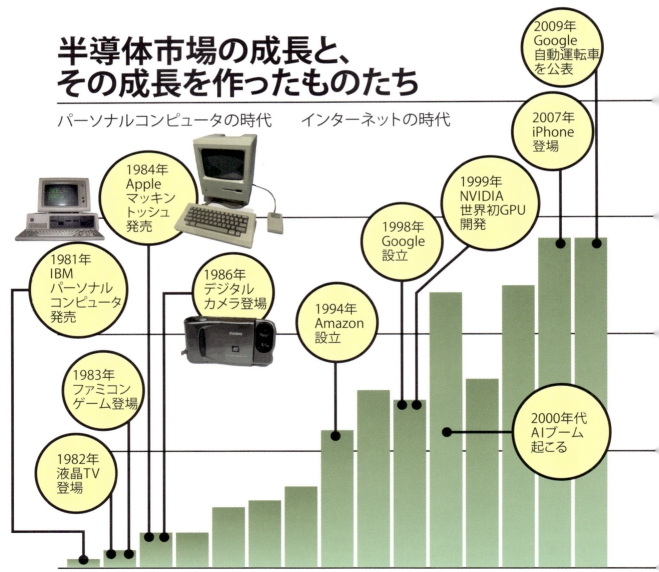

半導体市場の成長と、その成長を作ったものたち

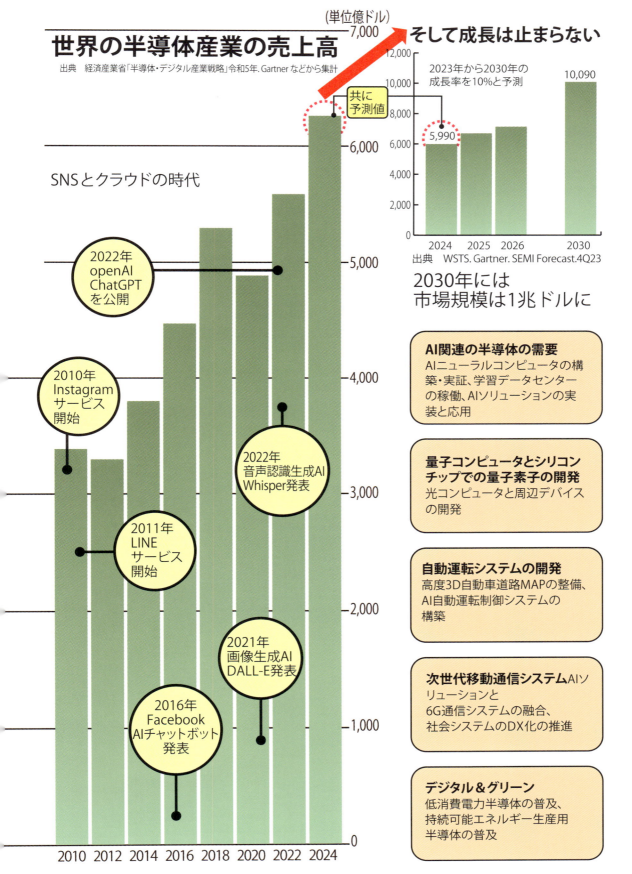

Part 1 ようこそ半導体ワールドへ ④

私たちが目指すスマート社会 その土台には常に半導体が

半導体が実現するよりよい社会

私たちが暮らす社会は、様々な課題を抱えています。そのため、そうした課題を新しい技術によって解決しようとするスマート社会の実現が求められています。

例えば、食料の安定供給を促す農業の効率化、人間を重労働や危険な作業から解放するロボット化、人手不足を解消するためのAIの活用など、あらゆる分野で先端技術の導入が進められています。こうした技術に欠かせないのが、様々な機器を制御し、動かしている半導体。半導体は見えないところで社会を支えているのです。

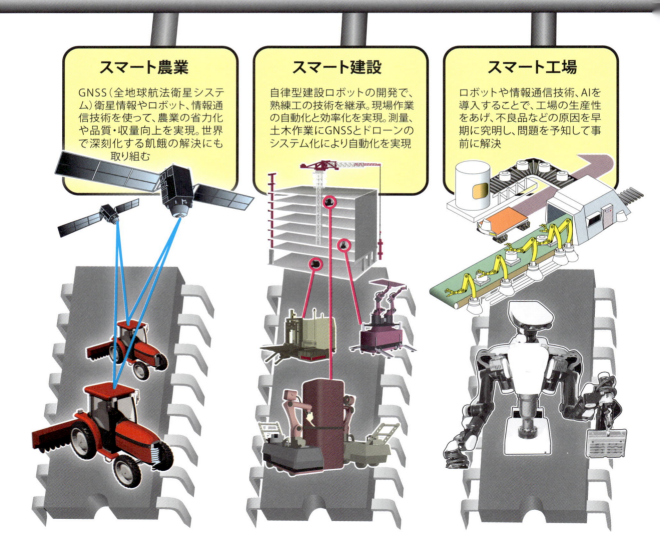

スマート農業
GNSS（全地球航法衛星システム）衛星情報やロボット、情報通信技術を使って、農業の省力化や品質・収量向上を実現。世界で深刻化する飢餓の解決にも取り組む

スマート建設
自律型建設ロボットの開発で、熟練工の技術を継承。現場作業の自動化と効率化を実現。測量、土木作業にGNSSとドローンのシステム化により自動化を実現

スマート工場
ロボットや情報通信技術、AIを導入することで、工場の生産性をあげ、不良品などの原因を早期に究明し、問題を予知して事前に解決

ニューロコンピュータ

人間の脳の機能をシミュレーションし、その構造を模したコンピュータが期待されている。脳の神経細胞をモデルとするロジック半導体の開発が、AIの深層学習をより高度化する

量子コンピュータ

量子力学で把握されている量子の振る舞いを利用した、次世代の高速コンピュータ。このコンピュータに使われる素子にも、半導体技術が応用されている

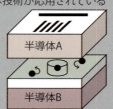

5Gから6G通信へ

現行の5G通信を大幅に拡張した通信。現在の100倍近くの通信量の増加を背景として、3D仮装空間での社会システムの普及が、半導体の開発に伴い実現する

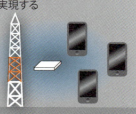

自動運転スマート走行

半導体センサーやAI、GNSSなどを使って、運転の補助や自動化をし、安全でスムーズな移動を実現して省エネにも貢献

スマート医療

AIによる診断や、VR/ARによる遠隔医療、デジタル化した検査機器の活用によって、人々の健康を増進。より高度化する医療現場で、医師を支援する

スマートサービス

人手不足のサービス業界。ルーティーンの調理、掃除、配膳などマニュアル化できるサービスはAI化されたロボットが担い、顧客本位の高度な接客は人間が行う

スマート介護

今後も確実に増大する高齢者介護。この業界の人員不足と重労働を解消するために、介護ロボットの開発は急務。AIを駆使した高齢者に優しいロボットが望まれる

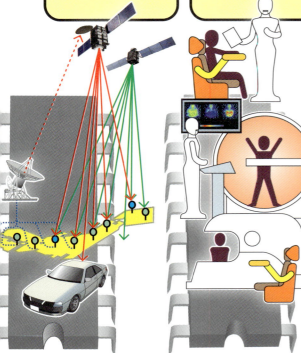

Part 1 ようこそ半導体ワールドへ ⑤

緑の地球をデジタル技術で守る
デジタル＆グリーンを支える半導体

人類はこれまでに3回のエネルギー転換を超えてきた そして今、4回目の大転換期がきた

3回のエネルギー転換は、すべて炭素を燃やし、CO_2を排出する技術革新だった。その結果が現在の地球温暖化の脅威を招いた

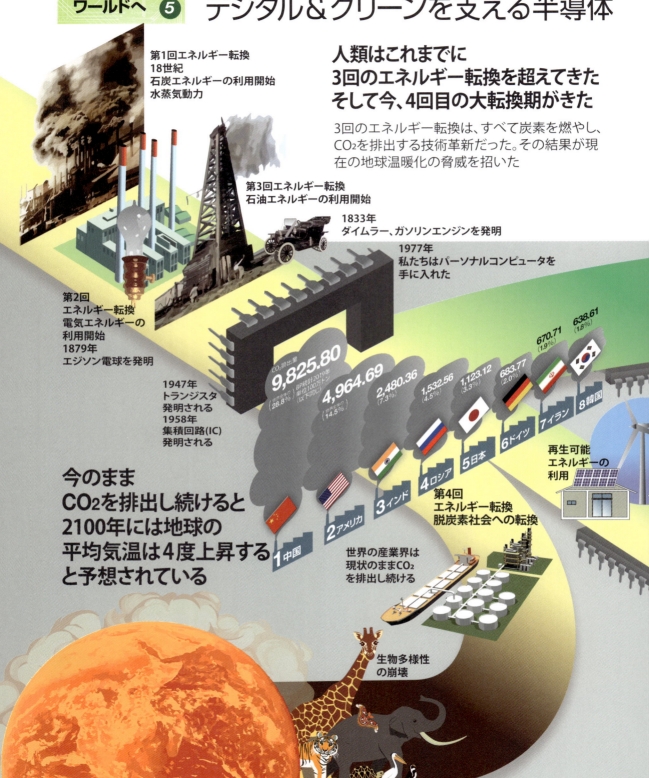

- 第1回エネルギー転換 18世紀 石炭エネルギーの利用開始 水蒸気動力
- 第2回エネルギー転換 電気エネルギーの利用開始 1879年 エジソン電球を発明
- 第3回エネルギー転換 石油エネルギーの利用開始 1833年 ダイムラー、ガソリンエンジンを発明
- 1947年 トランジスタ発明される 1958年 集積回路(IC)発明される
- 1977年 私たちはパーソナルコンピュータを手に入れた
- 第4回エネルギー転換 脱炭素社会への転換
- 再生可能エネルギーの利用

CO_2排出量（BP統計2019年 単位100万トン 以下同じ）
1 中国 9,825.80 (28.3%)
2 アメリカ 4,964.69 (14.5%)
3 インド 2,480.36 (7.3%)
4 ロシア 1,532.56 (4.5%)
5 日本 1,123.12 (3.3%)
6 ドイツ 683.77 (2.0%)
7 イラン 670.71 (1.9%)
8 韓国 638.61 (1.8%)

今のままCO_2を排出し続けると2100年には地球の平均気温は4度上昇すると予想されている

世界の産業界は現状のままCO_2を排出し続ける

生物多様性の崩壊

半導体が実現する脱炭素社会

　いま私たちの世界は、4度目のエネルギー転換に向かう岐路にいます。最初は18世紀の産業革命に始まる石炭エネルギーへの転換。2度目は電気エネルギー、そして3度目が石油エネルギーへの転換でした。

　私たちがいま目前にしているのは、これまでのエネルギー転換の後始末ともいえるものです。人類が産業革命以降、化石燃料を使うことで排出し続けてきたCO_2を削減し、新しいエネルギー源に転換することが、地球温暖化を抑制する主要な方法だからです。

　例えば再生可能エネルギーや水素エネルギーの利用、人工光合成技術の開発、生活の低消費電力化、電気自動車の普及など、多くの試みが産業技術の分野で実行されています。これらすべての産業技術の基礎にあるのが半導体です。デジタル技術で緑の地球を守る。「デジタル＆グリーン」というキャッチフレーズのもとで、この4度目の転換を私たちは超えていかなくてはなりません。

Part 2

家電を支える半導体の進化をたどる ①

半導体の歴史はトランジスタから。
電子回路の小型化がここから始まる

お話いただいたのは
**SEMIジャパン代表取締役
浜島雅彦さん**

名古屋工業大学金属工学卒。東京エレクトロン勤務を経て、SEMIジャパンの代表として、半導体業界の発展にむけたSEMIの活動を日本で展開

SEMIとは

SEMIは、世界の半導体開発製造関連企業3000社が会員として参加する、グローバルな業界団体。国境を超えて、会員企業の事業を推進し、業界の発展に寄与することを目的とする。その活動は、製造技術の標準化、業界の統計レポート発行、国際会議や展示会の開催、人材育成支援など多岐にわたる。

**1950年代
真空管からトランジスタへの転換が起こった**

トランジスタの誕生以前、電気回路は真空管によってコントロールされていた

トランジスタについてはp40-41で詳しく

20世紀最大の発明トランジスタ

半導体と私たちの生活の関わりは、トランジスタの発明から始まります。それはSEMIの誕生はおろか、私自身もまだ生まれていない1940年代のことでした。

人間が電気の利用を始めたのは、エジソンが白熱電球を実用化した19世紀後半、わずか150年ほど前のことです。それからわずか数十年で、人間は電気を利用して電信、電話、電灯、発電、変電、電動機、無線通信まで、つまり現在の暮らしの基礎となるものを生み出してきました。初期の電化生活を支えたのは、真空管です。

その真空管の時代が大きな壁にぶつかったのが1940年代でした。最も困っていたのが、アメリカ最大の電信会社AT&T。当時、大陸横断の長距離電話網を建設中でしたが、途中で電流が弱くなって聞こえないので、増幅する必要がありました。しかし、従来の真空管を使うと、すぐ故障する。真空管は熱をもつので寿命が短い、という欠点があり、現場はトラブル続きでした。

そこで当時黎明期にあった半導体に着目。これを使って真空管と同じ働きをする電子部品を作れないかと、当時世界最大の研究機関だったベル研究所に依頼したのです。

そこでベル研究所は、MIT(マサチュー

誰もが無謀と反対したトランジスタの開発
その成功が現在のソニーの基礎を作った

井深大

盛田昭夫

1953年8月、東京通信工業(現ソニー)の副社長の盛田昭夫は、大きな不安の中でウエスタン・エレクトリック社(WE社)との特許使用権契約書にサインをした。1947年にベル研究所が発明したトランジスタ技術に関しての使用許可契約だ。

ことの起こりは、1952年、社長の井深大のアメリカ視察旅行。このときトランジスタの存在を知った井深は、まだ黎明期のトランジスタを使った小型ラジオの開発を決意した。

周囲の無謀という批判を尻目に、井深たちは2年がかりで、ついに日本初のポータブル・トランジスタラジオの開発に成功する。この製品が世界のソニーの礎を作った。

ソニーが独自開発したトランジスタ、写真はソニーホームページ「Sony History」より

東京通信工業(現ソニー)の社運を賭けてトランジスタの特許使用許可契約を取得して独自開発を進める

1947年 アメリカ・ベル研究所がトランジスタの基本原理を発見

ベル研究所の3人の研究者が、ゲルマニウム単結晶の実験中、電流が増幅される仕組みを発見。トランジスタの原型を発明し特許を取得した

写真はベル研究所が作った1950年頃のトランジスタ。隣のクリップの大きさと比較している

トランジスタが実現した、日本初のポケットサイズのラジオTR-55

セッツ工科大学)の固体物理学の研究者ウィリアム・ショックレーをリーダーに、理論物理学のジョン・バーディーン、実験物理学のウォルター・ブラッテンの3人の研究チームを立ち上げました。1947年、このチームがゲルマニウム単結晶に立てた2本の針の一方に電流を流すと、もう片方に電流が増幅されることを発見。これがトランジスタの始まりでした。

しかし、研究チームはショックレーの、現在でいうパワハラが災いして、分裂してしまいます。1956年にこのチームはノーベル物理学賞を受賞しますが、授賞式ではお互いに口もきかなかったといいます。

トランジスタラジオの誕生

このトランジスタの発明が、その後の電気製品の開発環境を一変させました。真空管からトランジスタへの変換は、電子機器の小型化への道を開きました。その小型化に貢献したのが、3人の日本人。現在のソニーの基礎を築いた井深大、盛田昭夫、そして技術担当の岩間和夫です。創業間もない小さな企業が特許の使用許可だけを頼りに、独自にトランジスタを開発。世界初は逃したものの、日本初、そして世界的製品となるポータブルラジオを完成させました。このラジオが、世界のソニーの出発点です。

Part 2 家電を支える半導体の進化をたどる ②

1970年代にIC（集積回路）誕生
半導体は超小型化の時代へ

トランジスタなどの電子部品をそのまま基板にのせた初期の電子回路

技術者たちの願いは **この回路をもっと複雑でしかも、もっと小さくしたい**

その方法は、電子部品を半導体に小さく作りこむ集積回路化

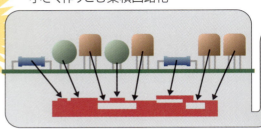

1958年、ジャック・キルビーが集積回路を発明した

キルビー特許の功罪
このキルビーの集積回路の特許は「キルビー特許」と呼ばれ、半導体産業が興隆したのち、関連企業の多くがTI社の特許侵害告訴に巻き込まれ莫大な賠償金を払うことになった。キルビーはこの特許で、2000年にノーベル物理学賞を受賞した

ジャック・キルビー
(1923〜2005)
年次休暇が取れない若い研究者だったキルビー。夏季休暇中の会社で1人研究を続け、現在の集積回路の基本理論を発見し、そのプロトタイプの稼働に成功した

キルビーが描いた集積回路のスケッチ

キルビーが作った世界最初の半導体集積回路

- 1959　ジャック・キルビー、ICに関する特許成立
- 1960　ソニー、日本初の携帯型トランジスタテレビ発売
- 1963　東芝、日本初のカラーテレビ発売
- 1965　日立、ラジカセ発売
- 　　　松下電器、電子レンジ発売

半導体進化の出発点はICの発明

　真空管の機能がトランジスタに置き換わり、電子機器の小型化が始まります。それは画期的なことでしたが、電子機器産業の現場には、早くも次の問題が持ち上がります。

　左上の写真は、かつての電子回路ですが、トランジスタや抵抗器などの電子部品が、そのまま基板にはんだ付けされ、配線で結ばれています。電子機器の機能が複雑になれば、当然部品数は増え、電線も複雑にからみ合い、基板も大型化し、その製造コストも増加します。回路製作の煩雑な作業は、もう限界に達していました。

　この問題を解決したのがIC（集積回路）でした。1958年の夏、テキサス・インスツルメンツ（TI）社の新入り研究員だったジャック・キルビーが1人居残り研究をしていて、集積回路のアイデアを思いつきます。バラバラの電子部品を、1つの半導体の上にまとめて回路を作ればいいのではないか、と。

　キルビーは早速、単純な構造の集積回路を作って実験。すると見事に電子回路が作動しました。現在の私たちが知る集積回路の原型の誕生です。1959年、キルビーはこの集積回路を特許申請します。

　このキルビーの発明に遅れること半年、フェアチャイルド社のロバート・ノイスが、

18

ICの登場

IC 集積回路 (Integrated circuit)
シリコンの単結晶の表面に、トランジスタ、コンデンサ、抵抗器として機能する仕組みを、極めて微細に形成した電子回路

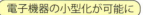

ICの登場で実現したこと
- 電子機器の小型化が可能に
- 電子部品の価格が低下する
- 電子機器の価格も安くなる
- 性能が安定し、故障が少ない
- 消費電力が減る

電卓開発からマイクロプロセッサが誕生
日本の電卓メーカーである「ビジコン株式会社」が、インテルに発注したカスタムチップに対して、インテルが提案したのが汎用マイクロプロセッサのアイデア。ビジコン社から派遣された嶋正利も参加して開発されたのが、世界初の商用マイクロプロセッサ「4004」

この電卓開発競争が新しい半導体を生み出した

- 初期の機械式計算機は机ひとつ分の大きさ
- 世界初の電卓はイギリス製。真空管で稼働した
- 1971年、TI社 世界初のIC採用の電卓を発表

1972年、ついに日本のカシオミニ登場
12,800円の低価格のパーソナル向け電卓を発売。発売1年半で200万台の大ヒットになった。このカシオミニによって個人が手軽に電卓を持てるようになった

- 1970 インテル、1K DRAM開発
- 1971 半導体製造装置の国産化が進む SEMIジャパン設立
- 1972 カシオ、低価格小型電卓「カシオミニ」発売 インテル、マイクロプロセッサ「4004」発売
- 1975 マイクロソフト設立

現在の集積回路の製作に必須の、結線をアルミニウムの薄膜で作る技術を開発して特許を申請しました。

こうした画期的なIC技術は、電子機器業界を一気に席巻します。それと同時に半導体製造業界も、にわかに活気づきます。1つ1つの部品を、どれだけ小さなサイズで作るかの競争が始まりました。

電卓戦争により超小型化が進む

突然始まったICの開発競争ですが、とりわけ激烈な争いとなったのが、1970年代の「電卓戦争」です。それまで机と同じサイズだった機械式計算機が、トランジスタ製となり、さらにIC製となると、一気に小型化、高性能化します。同時に価格破壊も進行します。当初50万円台のものが、1971年には10万円を切り、1972年にはカシオが「カシオミニ」を12,800円で発売し、200万台を売る大ヒット商品となりました。

この電卓戦争の裏で、半導体製造業界で進行していたのが、ICチップに何個のトランジスタを集積するかの競争でした。その数がそのままICの性能を表します。この電卓開発競争の過程で生まれたICがインテル社の「4004」です。2,300個のトランジスタが集積された「4004」が、次世代のLSI（大規模集積回路）へとつながっていきます。

Part 2 家電を支える半導体の進化をたどる ③

マイコンの登場が多機能の日本の家電を生み出す

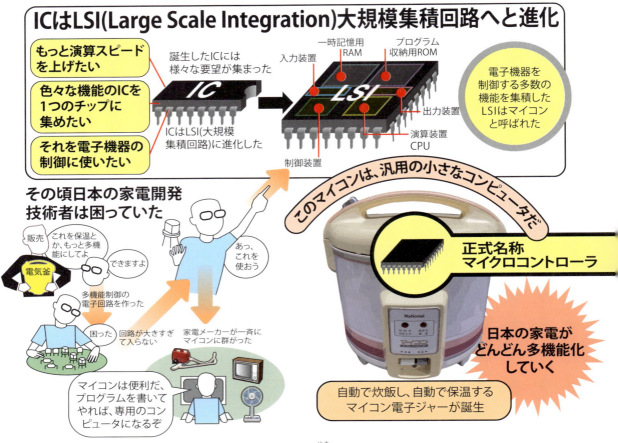

日本の家電が世界を席巻したわけ

　かつて日本経済が絶好調で、GDP（国内総生産）でアメリカを抜いて世界一になるのではないか、といわれた時代がありました。1980年代後半から1990年初頭までのバブル期です。この好景気を支えたのが、自動車、そして家電製品の輸出でした。特に、今に続く日本の電気製品への高い評価はこの時つくられました。

　日本の家電製品が世界を席巻できた最大の理由は、家電製品に使われた半導体の進化です。アメリカでICが発明され、その利用が電卓開発戦争を勃発させ、ICに集積されるトランジスタの数はどんどん増えていきました。その数が数万個以上となるLSI（大規模集積回路）と呼ばれるICは、これまで複数のICが分担していた様々な機能をまとめてもつようになります。

　例えばデータの記録、入力と出力の制御、CPU（中央演算処理装置）などを、極小のLSIに統合したわけです。

多機能を実現したマイコン

　LSIは、当時の日本の家電開発技術者を救いました。例えば自動炊飯器の開発。消費者は炊飯器に多くの便利な機能を求めていました。タイマー機能、保温機能、微妙

1970年代の終わりから80年代　日本のマイコン内蔵家電が世界を席巻した

1977年 三菱電機「フレッシュみどり」
マイコンで庫内を精密に温度管理する、肉、野菜、魚専用室が人気に

1979年 東芝AW 8800G
世界初、自動すすぎ検知、水流制御機能搭載の全自動洗濯機

1982年 東芝 インバーターエアコン 木かげ
世界初、マイコン制御によるインバーター駆動のエアコン。木陰のような柔らかな涼しさを目指した

1978年 フォード＆東芝
フォードのリンカーン・ベルサイユが、東芝が開発したマイコンでエンジンの電子制御を実現。厳しい排ガス規制をクリア

1979年 シャープ センサーオーブンレンジ
マイコン搭載で有名シェフのアドバイスの入った調理データをタッチパネルで選択。仕上がりはセンサー管理

安価で高性能の日本の家電の誕生

→ **日本ではマイコンと呼ばれた** → **マイコン**

1979年 ソニーウォークマン TPS-L2
ステレオカセットプレーヤー「ウォークマン」の第1号機。野外でいつでもどこでも音楽を楽しむ、若者のライフスタイルを変えた世界的大ヒット商品

1982年 パナソニック パナカラーα
MSXパソコンと接続でき、当時のニューメディア「キャプテンシステム」を利用できた

1987年 ソニービデオデッキSL-7300
ベータ方式の多機能ビデオデッキ。テレビを見ながら裏番組の録画が可能なTVチューナー内蔵

な火加減を自動で調整する機能、などなど。

　それまで開発技術者たちは、この機能1つ1つに専用の制御回路を設計し、それをIC化し、多数のICで基板を製造していました。しかし、作業に膨大な時間がかかり、機能が多いほど基板は大型化します。それが家電の小型化の妨げにもなっていました。

　そこに登場したのがLSIです。この超小型の汎用コンピュータの機能を使い、目的とする機器のための制御プログラムを書けば、制御回路は完成です。同じLSIを使って、あとは冷蔵庫用、扇風機用と、プログラムを書き換えればいいだけです。こうした機器制御用のLSIを、日本の技術者たちはマイコンと呼びました。英語のマイクロコントローラの略に加え、私のコンピュータの意味もこめられていたのかもしれません。

　このマイコンが、日本の家電の小型化、多機能化、高品質化を実現し、その結果、世界を席巻。日本の半導体生産も世界1位となります。世界の半導体生産の半分を日本が占め、売上高上位10社のうちNEC、東芝、日立など6社が日本のメーカーでした。

　半導体が産業の基礎となり、その勢いが産業全体の勢いをつくる。産業と半導体の関係が明確に見え始めた時代でした。

Part 2 家電を支える半導体の進化 ④

1980年代後半からCPUが高性能化
90年代は半導体センサーが大活躍

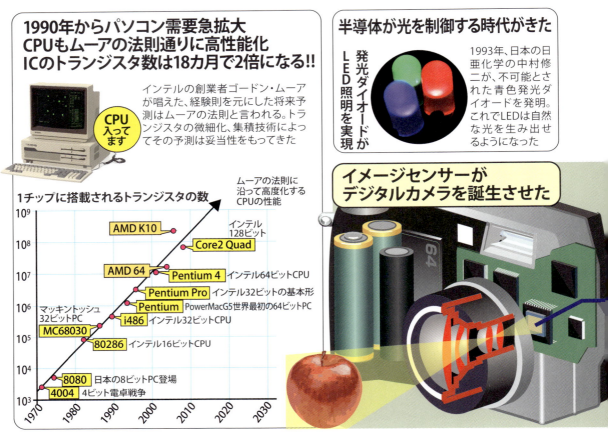

PCの普及により高性能CPUが登場

　1990年代に入ると、半導体業界は再び大競争時代に突入します。全世界でPC（パーソナルコンピュータ、パソコン）の需要が急拡大したためです。それまでPCはコンピュータの専門家や一部マニアのものでしたが、マイクロソフト社の「Windows 3.1」が発売されたことにより、一般の人でも簡便な画面操作で高度な業務をこなせるようになりました。このため1993年にアメリカでは1,800万台、日本でも320万台のPCが販売されました。

　PCの高度な機能を支えたのが、半導体の進化です。PCを稼働させる機能の中で、最も重要な計算を担うのがCPU（中央演算処理装置）。いくら高度な画面操作のプログラムがあっても、それを実行するには、背後で膨大な計算が必要です。ですからCPUの能力向上があって初めて、一般向けの高性能PCが誕生したといえます。

加速する半導体の超微細化

　CPUの計算能力は、搭載するトランジスタの数によって向上します。「ICに搭載されるトランジスタの数は18カ月で2倍になる」としたムーアの法則を裏づけるように、1980年代に10の5乗、つまり

太陽光発電も半導体の得意な仕事

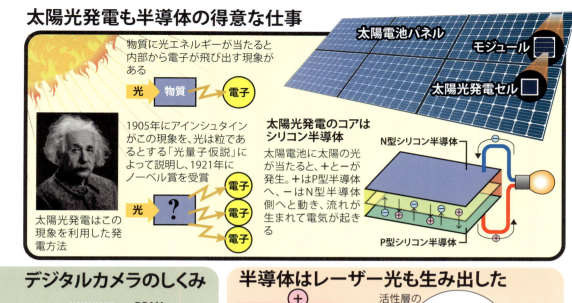

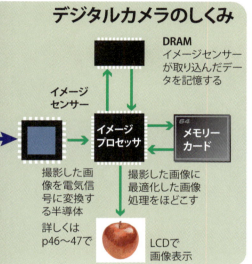

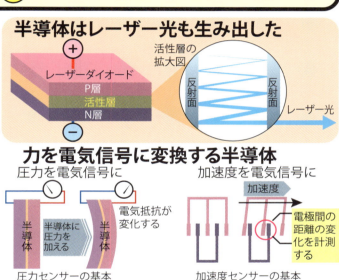

　10万個だったトランジスタ数は、1990年代には10の6乗、100万個に。現在は数百億個までに到達しています。

　これだけの数のトランジスタをわずか数cm角のCPUにのせるためには、トランジスタを限りなく小さくする必要があります。CPUの電子回路の最小線幅は1980年代には1μm（マイクロメートル）、つまり0.001mmでしたが、現在はさらにその200分の1以下にまで小さくなっています。トランジスタを原子に近い大きさにまで小型化した電子回路を、シリコンチップにいかにして作るか。半導体産業は、まさにこのナノレベルの超微細加工技術を競い合っているのです。

　半導体の超微細加工技術は、多くの電子機器に技術変革を起こしました。その代表が1990年代に大ヒットしたデジタルカメラです。フィルムの代わりに画像を写し取り、電気信号に変換するイメージセンサー、受け取った電気信号を高速計算して写真画像を作るイメージプロセッサ、そして写した画像を記憶するメモリーカード、そのすべてが半導体でできています。

　光と電気を変換する半導体の登場も同様の技術変革をもたらしました。太陽電池、LED（発光ダイオード）もその代表例です。

Part 2 家電を支える半導体の進化をたどる ⑤

ゲーム機とスマートフォンが半導体の進化を牽引した2000年代

CPUの進化が生んだ最先端電子機器

　半導体の進化は、常にその時代を象徴する先端電子機器の登場によって牽引されてきました。2000年代に入って半導体の進化を牽引したのは、何だったのでしょうか。

　ここでは代表的な2つをとりあげましょう。1つ目は日本企業が世界をリードし続けたゲーム機、2つ目が2007年に米国アップル社から発売されたスマートフォン、iPhoneです。上の図に示したのは、日本のテレビゲームメーカー、任天堂のゲーム機と、歴代iPhoneに使用されたCPU（中央演算処理装置）の移り変わりです。

　この2つには、常に高い性能をもつ最新のCPUが搭載されてきました。例えば任天堂の初代ファミコンのCPUは8ビットから始まり、16ビット、そして32ビットへと倍々に増えています。最近のスマートフォンでは64ビットにまで増加しています。ビット数とは、CPUが一度に扱う計算量。その数値が増えるほどCPUの演算能力が向上していることを意味します。もう1つが、Hz（ヘルツ）の単位で表されるクロック数です。これはCPUの1秒当たりの処理回数を表すもので、こちらも性能の進化と共に増加します。iPhoneでいえば、最新の16Proは、初代の7倍近くにまで増加しています。

日本製ゲームの魅力を高めたGPU

　これらの電子機器は、さらに2つの領域を進化させました。1つは画像処理専門の半導体GPU（グラフィックスプロセッシングユニット）。ゲーム機にとって、データ量の多い画像をリアルタイムでスムーズに描写する高速の演算力は欠かせません。2010年代のゲーム機は、GPUを競って採用し、精密で美しい画像で、世界のゲームファンの絶大な支持を得たのです。『スーパーマリオブラザーズ』や『ファイナルファンタジー』の成功も、このGPUの賜物といえるでしょう。

　もう1つは、革新的なCPUの仕組み、1チップマルチプロセッサ。これは日本のソニー・コンピュータエンタテインメント（現ソニー・インタラクティブエンタテインメント）が自社ゲーム機プレイステーション3用の高性能CPUの開発の過程で、東芝とIBMとの共同開発で生み出したもの。1個のチップ上に、メインのCPUと演算を専門とする補助的CPUを複数個組み合わせて、1つのCPUとして駆動させるという革新的な試みでした。現在ではマルチコアとも称され、積んでいるCPU（コア）の数で表記されます。iPhone 16ProのCPUは6コア。6個の補助CPU搭載を意味します。マルチコアは現在、CPUの主流を占めるまでになりました。

半導体の劇的な進化が AI（人工知能）の未来を切り開く

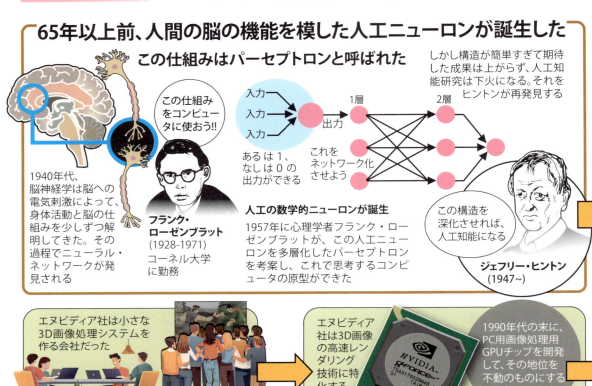

人間の知能に近づくAIの時代へ

　私たち半導体の開発・製造業界に関わる者にとって、2024年11月は、半導体の近未来を示唆する出来事が相次いで起こった月でした。1つは、AI研究の基礎であるディープラーニング（深層学習）の発展に貢献したジェフリー・ヒントン博士が、ノーベル物理学賞を受賞したこと。もう1つは、アメリカ経済の主要な指標であるダウ工業株30種の構成銘柄からインテル社が外れ、代わりにエヌビディア社が加わったことです。

　これらの出来事は、世界のIT研究の潮流が、AI研究に雪崩落ちていること、そしてその潮流が、半導体業界の主役を交代させたことを示しています。

　エヌビディア社のスタートは、2000年代初頭、マイナーだったアーケードゲーム用3D画像制作者向けビデオボードの開発でした。その初期の製品は、セガの『バーチャファイター』を生み出します。この作品はそれ以降、世界の若者の支持を集めた対戦型格闘ゲームの原型となり、エヌビディア社は3D画像演算処理に特化したICであるGPUの開発に邁進することになります。

　2010年を過ぎた頃、このGPUがAI研究の現場で熱狂的な支持を集めます。まず当時勃興していた、AIによる自動車の自動運

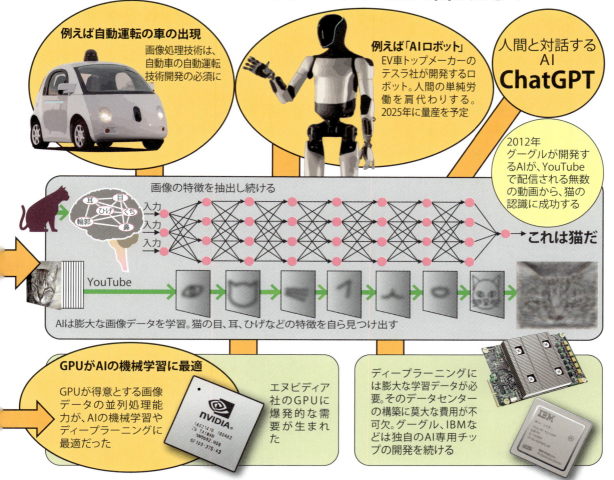

　転の研究者がGPUに飛びつきます。自動運転開発の技術課題の1つが、車の走る道路状況を3D画像でリアルタイムに解析すること。これこそ、GPUが最も得意とするものでした。

　それと並んでGPUのAI研究利用を決定づけたのが、先のヒントン博士らのディープラーニングによる強化学習でした。YouTube上の膨大な画像からAIが猫の画像を自律的に選択したことが、世界のIT業界に大きな衝撃を与えました。ここでも実力を発揮したのは、高速の画像解析力を誇るGPUでした。

　AI開発の主要な手法は、人間の頭脳の構造を模したニューラル・ネットワークを使ったディープラーニングです。AIにその学習をさせるためには膨大な教育用サンプルデータが必要で、そのデータを活用するには巨大なデータセンターを要し、その構築には莫大な資金が不可欠でした。ここにアメリカのグーグルやアマゾン、マイクロソフトなどの巨大IT企業が進出します。

　このAI研究開発の成果が、2022年にオープンAI社が公開したChatGPTでした。人間同士のように自然な会話をし、深い知識をもとに、人々の様々な質問に答え、指示があれば文章もビジュアルも制作する、そんな生成AIの出現に、世界は驚きます。半導体開発の最先端は、しばらくこのAIを中心に展開されることでしょう。

27

Part 3 電気と半導体の基礎知識 ①

電気のもとになるのは原子から飛び出した電子

自由電子が電気を生む

ここまで見てきたように、半導体は、電気を使う様々な機器や機械に使われています。その仕組みを知る前に、まず電気について基本的なことをおさえておきましょう。

電気は私たちの世界を作る最小単位、原子の中にある

原子の基本構造と電子の関係は?

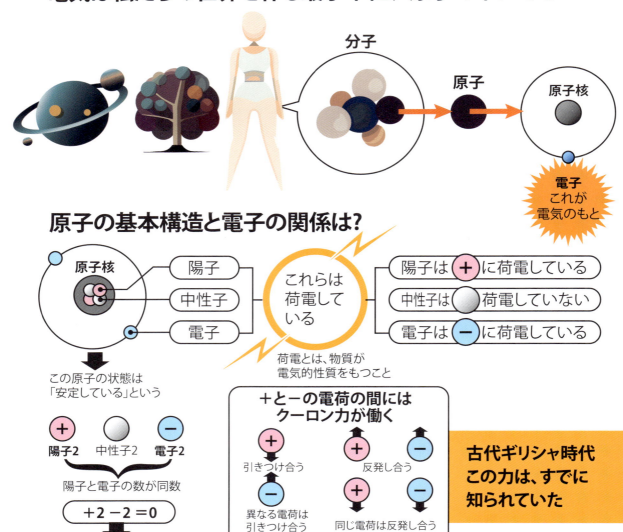

あらゆる物質のもとになる原子は、陽子、中性子、電子から成り、陽子は＋、電子は－の電荷（電気的性質）をもっています。＋同士、－同士は反発し合いますが、＋と－は引き合います。どんな原子も陽子と電子の数は等しく、中性子は電気的に中性なので、原子全体では＋－ゼロの安定した状態です。

ところが、外部から刺激が加わると、電子が飛び出すことがあります。すると－の電子が減ってしまうので、原子全体としては＋になります。一方、飛び出した電子（自由電子）が別の原子に飛びこむと、その原子は－が増えて、－の電気を帯びます。

物をこすり合わせると「静電気」が起こるのは、このためです。風船で髪の毛をこすると、摩擦によって髪の毛から－の電子が飛び出し、風船に移動します。すると髪の毛は＋、風船は－になるため、引き合う力が働き、髪の毛が逆立ちます。つまり電気は、電子が移動することによって生まれるのです。

風船の静電気の実験で起こっていること

摩擦する

摩擦の刺激で原子から電子が飛び出して髪の毛から風船に移動

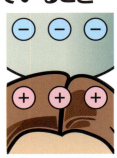

風船は－に帯電して、電子の抜けた髪の毛は＋に帯電する

風船と髪の毛が静電気で引きつけ合い、髪が立つ

この自由電子の動きが「静電気」を発生させる

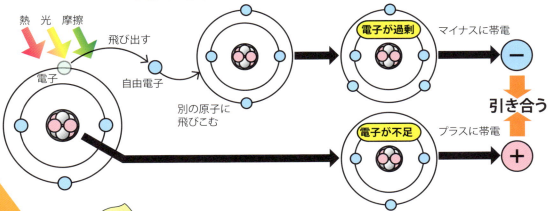

琥珀を毛皮でこすると羽毛やほこりを引きつける。この静電気を起こす琥珀のギリシャ語(elektoron)が、英語の電気の語源になった

タレス
(紀元前624頃～紀元前546頃)
ギリシャ最古の哲学・数学者

英語で「電子」は
electron
ギリシャ語の琥珀に由来

ここから転じて英語の
electricity
電気となった

電気が流れる仕組み 導体・絶縁体・半導体

導体と絶縁体の違い

物質のなかには、電気を通すものと通さないものがあります。電気をよく通すものは「導体」と呼ばれ、電線に使われる銅やアルミニウムなどの金属が代表例です。反対に、ガラスやプラスチックのように電気を通しにくいものは、「絶縁体」と呼ばれます。

この違いを生み出すのが、自由電子の有無です。電子は、原子核の周りを何重にも取り囲む「電子殻」に収まっており、内側から順に、K殻は2個、L殻は8個、M殻は18個……と上限数が決まっています。いわば定員制です。ここで重要になるのが、一番

導体　電気を通す物質　例）金属（金、銀、銅、アルミニウムなど）

銅（Cu） 電子の数 29
優れた導体・銅で電気が流れるわけ

電子殻
原子核を取り巻く電子群の層。内側から順にK殻からQ殻まであり、それぞれ上限数が決まっている

- K殻（上限2）
- L殻（上限8）
- M殻（上限18）
- N殻（上限32）

価電子（最外殻にある1〜7個の電子）

たとえていえば鎖を離れて犬が飛び出して野良犬電子になる

自由電子

29個の電子が内側の殻から順に入っていくと一番外側の殻には1つだけで**不安定→自由電子になる**

銅のなかでは自由電子が走り回っている

犬にたとえるとドッグラン状態

絶縁体　電気を通さない物質 例）ガラス、プラスチック、ゴムなど

石英ガラス（SiO₂）の場合

がっちり
価電子が「手」になる

価電子は原子の結合に使われる
原子と原子の結びつきが強く
電子は自由に動けない

電子はリードにつながれた犬のよう

ペットは家族の接着剤

外側の電子殻にあって化学反応に使われる電子＝「価電子」の数。例えば銅の原子には、価電子が1つしかありません。そのため価電子は原子核から離れて、自由電子になりやすくなります。実は、銅などの金属の内部では、－の自由電子が、＋の原子核の周りを自由に動き回っています。ここに電圧をかけると、自由電子が＋の電極に向かっていっせいに動き、電流が生まれるのです。

一方、絶縁体では、原子と原子を結びつけるために価電子が使われるので、自由電子がほとんどありません。電子が動けない状態なので、電気が流れることもないのです。

導体と絶縁体の中間が半導体

電気を通す導体と電気を通さない絶縁体。その中間の特徴をもつのが「半導体」です。半導体の物質にはシリコンやゲルマニウムなどがあり、一般にはこれらを素材とした「半導体デバイス（素子）」も、半導体と呼ばれています。次のページからは、半導体について詳しく見ていきましょう。

銅が電気を通す仕組み
電圧をかけると、－の自由電子が＋に引きつけられる

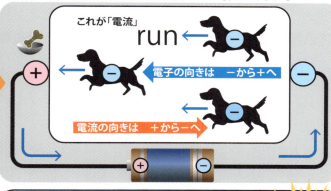

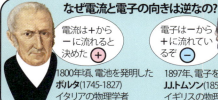

ガラスが電気を通さないわけ

半導体は導体と絶縁体どちらの機能も持つため半導体と呼ばれる

Part 3 電気と半導体の基礎知識 ③

シリコンから作る半導体の基本形
N型半導体は自由電子が電気を運ぶ

シリコンの真性半導体

半導体の素材として最もよく使われるのは、自然界に多く存在し、調達も加工もしやすいシリコン（ケイ素）です。

まず、シリコンの原子を見てみましょう。シリコンには4つの価電子があります が、原子には、一番外側の電子殻に電子が8つあるとき安定するという性質があります。そのため隣り合う4つのシリコン原子と、電子を1つずつ共有し、安定しようとします。この「共有結合」によって、シリコン原子同士は強く結びつきます。このように、1種の原子で構成される純粋な半導

---

1 シリコンは地球上で2番目に多い元素

地殻に含まれる元素ベスト4

1 酸素 **46.1%**
2 シリコン（ケイ素） **28.2%**
3 アルミニウム **8.23%**
4 鉄 **5.63%**

シリコン、日本語でケイ素は、手に入りやすく、加工しやすい

1787年、フランスの科学者アントワーヌ・ラヴォアジェが「Silicon」と名づけた

シリコンの原子構造を見てみよう

シリコン Si

一番外側の殻にある価電子の数：4

価電子は8個あると安定する → 4個足りない → そこで隣り合った原子と電子を共有

2 シリコン（ケイ素）は強固な絶縁体

シリコンは、原子同士がガッチリ手を結ぶ共有結合

このままでは電子が動かない絶縁体と同じ状態 つまり電気を通さない

これを「真性半導体」という 1種類の原子（Si）から成り、まじりけのない半導体

ガッチリ！ 共有結合

不純物混入

体を、「真性半導体」といいます。

しかし、このままでは電子が動かず、絶縁体と同じ状態です。電気が流れるようにするには、不純物（主成分以外のまぜもの）を加えて、電子を動かす方法があります。

自由電子が電気を運ぶN型半導体

不純物を加えた半導体には2種類あります。そのひとつが、「N型半導体」。シリコンにリンやヒ素、アンチモンなど、価電子が5つある原子を加えて作ります。

シリコンの真性半導体は、がっちりと結合しています。ここに例えばリンを加えてみます。1つのシリコン原子がリン原子に置き換わると、5つの価電子のうち4つは共有結合に使われますが、1つ余ってしまいます。この余った電子が自由電子となって動き回り、電気を通す状態になるのです。

N型半導体の名称も、ここに由来します。電気の運び手を「キャリア」といいますが、N型のキャリアは−の電子。「N」は、negative（負＝マイナス）の頭文字です。

3 シリコンが導体に変身する秘密
微量な不純物を混入すると、電気的性質が変わる

シリコンに価電子5つの原子を加える。リン、ヒ素、アンチモンなど。ここではリンを加える

4 シリコン内の自由電子が動き、電流を通す
絶縁体だったシリコンが半導体に変身した

自由電子が飛び出した!!

5 N型半導体ができあがった
N型の「N」はnegativeマイナス(negative)の自由電子が電気の流れをつくっているので、こう呼ばれる

マイナスの電荷をもつ自由電子が、プラスに移動することで電流が流れる

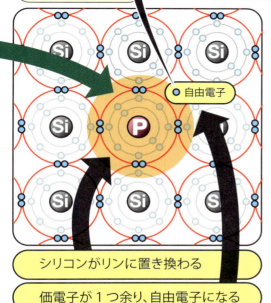

不純物のリンが多いほど、電流が流れやすくなる。p31で図説したように、自由電子の移動方向と、電流の向きは反対になる

Part 3 電気と半導体の基礎知識 ④

もう1つの基本形、P型半導体は正孔（ホール）が電気を運ぶ

価電子が足りない原子を加える

シリコンから作るもうひとつの半導体は、「P型半導体」です。こちらはシリコンの真性半導体に、不純物としてホウ素（ボロン）やアルミニウムなど、3つの価電子をもつ原子を加えて作ります。ここではホウ素を加える場合を見てみましょう。

前項で見たように、シリコンは4つの価電子を周囲の原子と共有することによって結合しています。ここにホウ素が加わり、シリコンの原子1つがホウ素に置き換わると、N型半導体とは逆のことが起こります。ホウ素の価電子は3つしかないため、周り

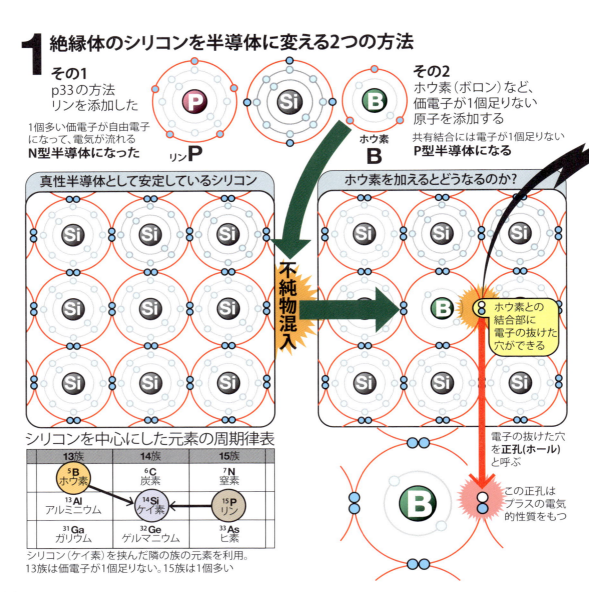

1 絶縁体のシリコンを半導体に変える2つの方法

その1
p33の方法
リンを添加した

1個多い価電子が自由電子になって、電気が流れる
N型半導体になった

その2
ホウ素（ボロン）など、価電子が1個足りない原子を添加する

共有結合には電子が1個足りない
P型半導体になる

真性半導体として安定しているシリコン

不純物混入

ホウ素を加えるとどうなるのか？

ホウ素との結合部に電子の抜けた穴ができる

電子の抜けた穴を**正孔（ホール）**と呼ぶ

この正孔はプラスの電気的性質をもつ

シリコンを中心にした元素の周期律表

	13族	14族	15族
	5B ホウ素	6C 炭素	7N 窒素
	13Al アルミニウム	14Si ケイ素	15P リン
	31Ga ガリウム	32Ge ゲルマニウム	33As ヒ素

シリコン（ケイ素）を挟んだ隣の族の元素を利用。
13族は価電子が1個足りない。15族は1個多い

のシリコン原子と共有結合するには、電子が1つ足りなくなってしまうのです。

電子が抜けた穴に次々電子が移動

この不足した部分を「正孔」または「ホール（穴）」といいます。この状態で電圧をかけると、電子は＋極に引かれ、近くにある正孔に移動。すると、移動した電子がもとあった場所が新たな正孔となり、ここにまた別の電子が移ってきます。このように、次々と電子が正孔を埋めるようにして移動

することで、電流が流れるようになります。

このとき実際には、－の電子が移動しているのですが、正孔が＋の電荷をもって、－極に向かっているようにも見えます。ちょうど待合室で順番を待つ人々が左方向に席を移っていくと、空いた席が右方向に移っていくように見えるのと似ています。

このようにP型半導体では、＋の電荷をもつとみなされる正孔が電気のキャリアとなります。そのため、positive（正＝プラス）の頭文字をとって「P型」と呼ばれます。

2 周りにある電子(下の図では電子犬)は、正孔があると飛びこんでいく

3 P型半導体ができあがる

P型の「P」はpositiveの意味。正孔がプラスの性質をもって電子を運ぶため

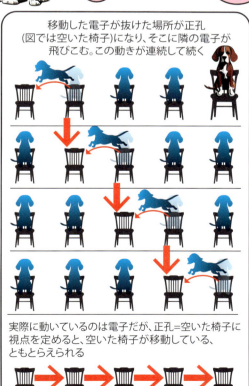

移動した電子が抜けた場所が正孔(図では空いた椅子)になり、そこに隣の電子が飛びこむ。この動きが連続して続く

実際に動いているのは電子だが、正孔＝空いた椅子に視点を定めると、空いた椅子が移動している、ともとらえられる

つまり正孔が電子を運ぶ「キャリア」ととらえることができる

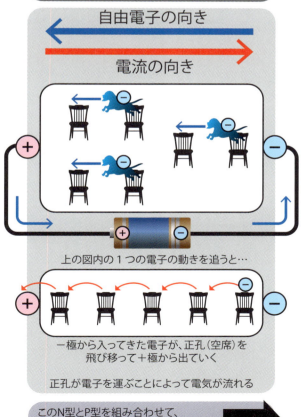

上の図内の1つの電子の動きを追うと…

－極から入ってきた電子が、正孔(空席)を飛び移って＋極から出ていく

正孔が電子を運ぶことによって電気が流れる

このN型とP型を組み合わせて、半導体は様々な機能を発揮する

Part 3 電気と半導体の基礎知識 ⑤

半導体の3つの働き 電流制御・増幅・変換

電流を制御して計算もこなす

半導体は、電気を通す「導体」と電気を通さない「絶縁体」の中間の性質をもつため、条件を変えると、電気を通したり通さなかったりします。この特性を利用して様々な用途に使えるのが、半導体の強みです。

半導体の第1の働きは、電流を制御すること。電気を一方向に流す整流や電気を流したり止めたりするスイッチングが可能です。スイッチ機能は、電流をオン・オフするだけでなく、コンピュータに用いられる2進数の「0」と「1」をそれぞれオフとオンで表すことで、複雑な計算もこなします。

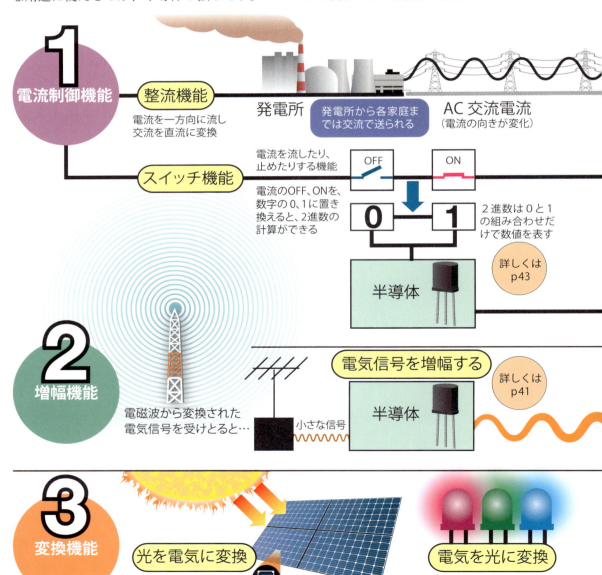

信号の増幅やエネルギーの変換も

　半導体の第2の働きは、小さな電気信号を大きくする「増幅」です。例えば音声は空気の振動として伝わりますが、これを電気信号に換えると、遠方まで届けることができます。電話やラジオがその例です。しかし、途中で信号が弱まってしまうので、信号を大きくして聞こえやすくする必要があります。かつては増幅のために真空管が使われていましたが、現在は半導体に取って代わられています。この増幅を得意とするのが、トランジスタです（詳しくはp40〜41）。

　第3の働きは、エネルギーの「変換」です。太陽光を電気に換える太陽電池、反対に電気を光に換える発光ダイオード（LED）が、その代表例。熱を電気に、電気を熱に換える熱電変換にも半導体が使われています。

　こうした働きを高速かつ正確に行えること、超小型で小さなチップにいくつも配置できること、低電力で動作できることなど、半導体には多くのメリットがあります。

1964年、IBMは初めてIC（集積回路）を使った史上初の汎用コンピュータ、System/360を発表

0と1だけで、計算以外に、推論・判断などができるパーソナルコンピュータが誕生した

論理演算機能

1981年 IBM PCが誕生

大きな信号

適正な音量

半導体

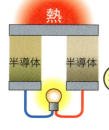
排熱を電気に変換
熱電半導体

光をデジタル信号に変換　画像に変換
光の情報　　半導体　　光センサー

電流を一方向に流す ダイオードの仕組み

PN接合は半導体の基本形

　P型半導体とN型半導体は、両方組み合わせて使うことで、様々な働きをします。その基本形ともいえるのがダイオードです。

　P型・N型の半導体をつなげたときの接触面を「PN接合」といいます。接合部付近では、P型にある＋の性質をもつ正孔とN型にある－の自由電子が互いに引き合い、結合して消滅します。するとキャリア（電気の運び手）がない領域、「空乏層」ができます。空乏層がある程度広がると、これ以上、正孔も電子も動かなくなってしまいます。これがダイオードの通常の状態です。

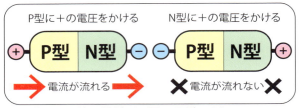

このダイオードの特性は、電子回路では整流機能として利用されている

diode ダイオードと呼ばれる

例えば交流電流を直流に変換する、また過電圧の保護にも利用される

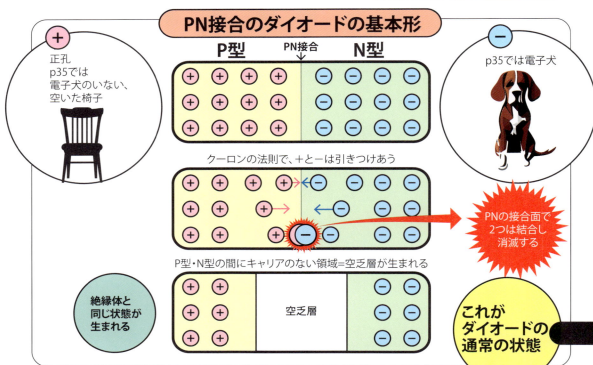

電流はP型からN型へ

　ここに電圧をかけてみます。このとき重要なのが、電極の向きです。P型に電極の＋、N型に－をつなぐと、正孔は－に、電子は＋に引かれて接合部で再結合し、空乏層が狭まります。N型には－の電極から電子が次々送りこまれてくるため、再結合しなかった電子はN型からP型へと移動。つまり、電流がP型からN型へと流れ続けます。この方向を「順方向」といいます。

　今度は電極の向きを反対にして、P型に－、N型に＋をつないでみましょう。すると、P型の正孔もN型の電子も、電極に近いほうに引き寄せられてしまい、空乏層が広がります。つまり、中央に絶縁体のような状態が生まれるため、電流は流れません。これを「逆方向」といいます。

　このように、ダイオードは一方向に電流を流す役割を担います。ダイオードには様々な種類があり、電気信号を光に変換する発光ダイオード（LED）もその1つです。

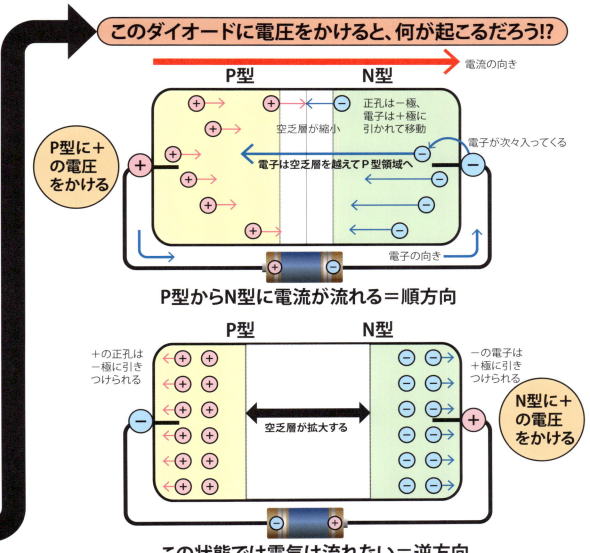

Part 3 電気と半導体の基礎知識 ⑦

トランジスタが担う2つの機能 電気信号のスイッチングと増幅

スイッチのオン・オフ

トランジスタは、電気信号のスイッチングや増幅を行う半導体デバイスです。バイポーラトランジスタと呼ばれる代表的なトランジスタは、P型・N型半導体をPNPまたはNPNの順につなげたサンドイッチ構造をしています。ここでは、比較的よく使われるNPNトランジスタの動きを見てみましょう。

トランジスタには、下の図のようにエミッタ、ベース、コレクタと呼ばれる端子がついています。エミッタに−、コレクタに＋の電圧をかけると、エミッタ側のN型領域とP型領域の間に空乏層ができてしま

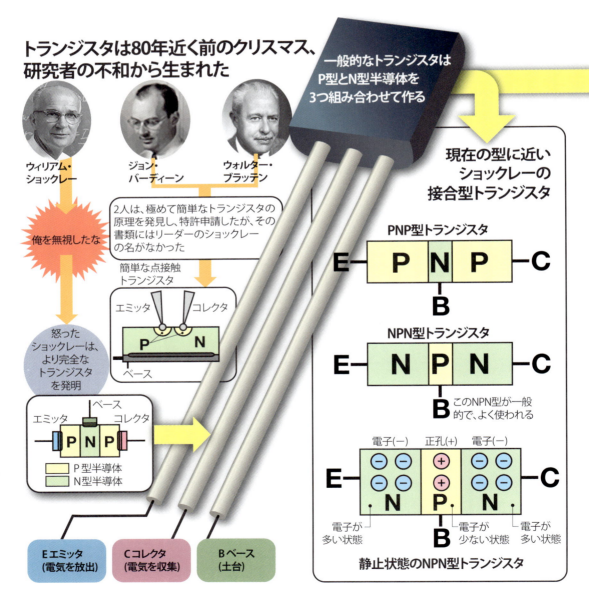

い、電流は流れません（＝逆方向）。スイッチ機能でいえば、これがオフの状態です。

　ここにさらにベース端子から＋の電圧をかけると、エミッタ側のN型領域にある電子が、P型の正孔に引き寄せられてP型領域に移動します（＝順方向）。P型はとても薄く作られているため、電子はP型を通り抜けてコレクタ側に移動。つまり電子はエミッタ側からコレクタ側へ、電流はコレクタ側からエミッタ側へと流れ続けることになります。これがスイッチ「オン」の状態です。

小さな電気信号を増幅

　トランジスタは、ベースから少しの電圧を加えることにより、エミッタとコレクタの間に大きな電流を流すことができます。これを利用したのが、小さな電気信号を大きくして出力する増幅という機能です。

　テレビ、ラジオ、携帯電話などには、アンテナが受信した微弱な電気信号を大きくするために、トランジスタが増幅器として使われています。

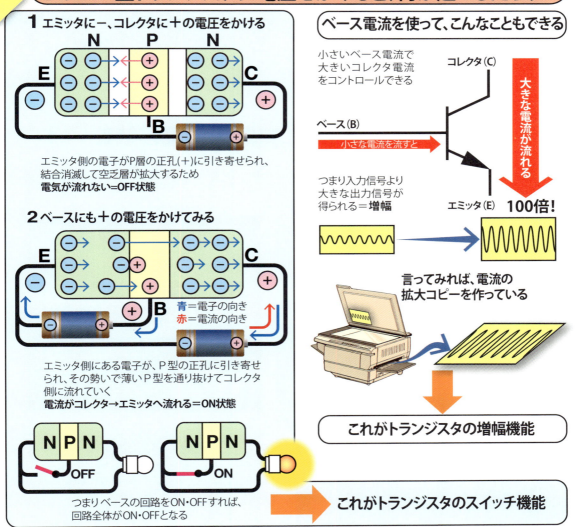

Part 3 電気と半導体の基礎知識 ⑧

極小部品でできたIC(集積回路)がオンとオフで計算する仕組み

1つのチップに電子部品を集積

かつての電子回路は、部品を別々に作って基板の上に組み立てていましたが、機能が複雑化して部品が増えるにつれ、小型化が求められるようになりました。そこで1950年代に考案されたのが、IC(集積回路)です。ICとは、トランジスタ、ダイオード、抵抗器(電流を制限する部品)、コンデンサ(電荷を蓄える部品)などの電子部品を、1つの半導体チップに組みこんだもの。特定の機能をもつ電子回路を、丸ごと半導体で作ることで、小型化、量産化が可能になったのです。ICの技術は、1960～70年

IC(集積回路)の中はどうなっているのか?

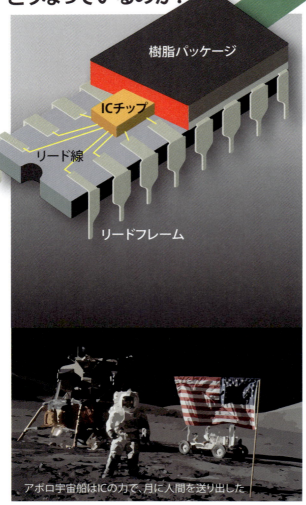

アポロ宇宙船はICの力で、月に人間を送り出した

このICの内部で0と1だけを使った計算が行われている

ICはシリコンチップの中に各種の電子部品を作りこんでいる

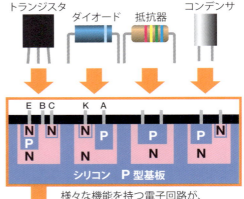

様々な機能を持つ電子回路が、超小型化されてシリコンチップに集積されている

ICチップ　半導体の作り方はp54から詳しく

IC産業はアポロ計画で成長した
ICの発明後、多くの企業がICの商品化に取り組み、1961年には米国フェアチャイルド社が、RTLシリーズのICを開発した。このICが高い評価を得て、アポロ宇宙船の誘導コンピュータに採用される。誕生まもないIC産業の生産の60%が、アポロ計画に利用された

代の宇宙開発や電卓の小型化競争によって、急速に向上。家電製品、パソコン、スマートフォンなどに使われ、1つのチップに集積される部品の数も飛躍的に増えています。

0と1だけで計算する論理回路

ICが担う機能の1つが、計算です。電卓やコンピュータの内部では、ICに組みこまれた論理回路を使って、0と1だけで数を表す2進数の計算が高速で行われています。ここで活躍するのが、トランジスタのスイッチ機能です。0はスイッチオフの状態、1はスイッチオンの状態として表されます。

論理回路は、一定のルールに従って入力値から出力値を導き出す回路で、AND回路、OR回路、NOT回路などがあります。下に示したのは、それらを使ったごく簡単な足し算の例。2つの数を入力して回路に通していくと、解が得られる仕組みです。

コンピュータの世界では、数だけでなく文字や画像などの情報も2進数で表され、論理回路によって様々な処理が行われます。

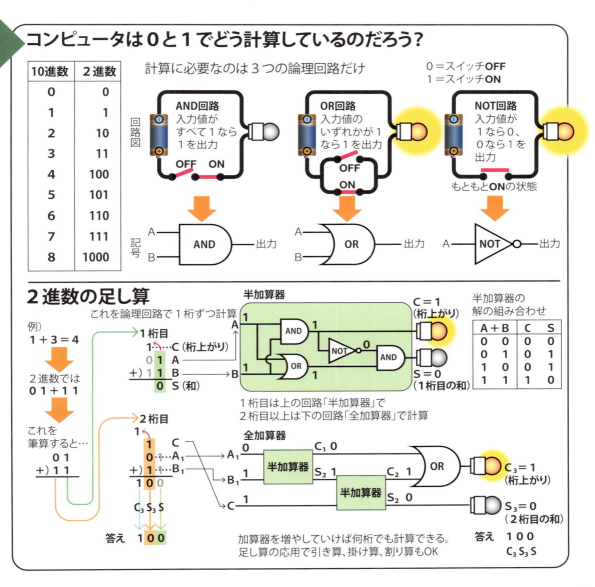

Part 3 電気と半導体の基礎知識 ⑨

マイコンは超小型のコンピュータ その仕組みと働きを知ろう

家電製品を制御するマイコン

1980年代から90年代にかけて、日本の家電が黄金期を迎えたのは、アメリカで誕生したLSI（大規模集積回路）のおかげでした。

LSIとそれ以前のIC（集積回路）との違いは規模にあり、基本的な部品であるトランジスタを数万個集積する規模をもつものをLSIと呼びます。このLSIを使って、電子機器を制御する専用のプログラムをもたせ、家電などに組みこみやすくしたのが、マイコン（マイクロコントローラ）です。

ここでは電子炊飯器を例にとり、マイコンの働きを見てみましょう。まずスタート

LSI誕生物語

1 1970年代、日本にはビジコン社という、電卓のトップメーカーがあった

2 ビジコン社は画期的な方法を考えた

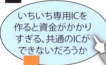

3 ビジコン社はインテル社に提案した

4 インテル社は、こんな回答を返してきた

5 1970年、開発の正式契約後、開発がスタート

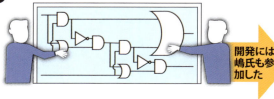

こうして、1971年、世界初のLSI「インテル4004」は誕生した

マイコン電子炊飯器の中で働いた

搭載機器専用の制御プログラムを書きこめる汎用マイコンとして販売される

日本の家電メーカーがこぞって使用した

ボタンを押し、炊飯メニューを選択すると、I/O（出入力装置）が、CPU（中央演算処理装置）に入力情報を伝えます。CPUはマイコンの司令塔のような役割を果たし、記憶装置であるROMから、指示された炊飯メニューのプログラムを呼び出します。そしてここからヒーターの温度や時間管理のデータを一時記憶装置であるRAMにメモとして記憶させます。さらにCPUはI/Oを経由して周辺回路からタイマーとサーモスタットを呼び出し、時間と温度を計測。RAMのメモとデータを照合し、適正な動作をチェックして、指定時間になれば炊飯完了と判断します。あとは、指定された温度で保温するだけです。

冷蔵庫に搭載されるマイコンも同様です。ROMに庫内温度を適正化する制御プログラムを書きこみ、必要な周辺機器を組みこめば、CPUが庫内温度を最適にコントロールしてくれます。現在では暮らしの中のほとんどの電子機器にマイコンが利用され、私たちはそれを意識することもありません。

マイコンの構造と、どう働くのかを見てみよう

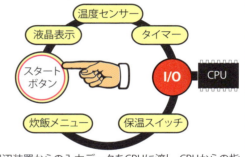

1 I/O（input/output）の働き

周辺装置からの入力データをCPUに渡し、CPUからの指示データを周辺装置に返す働きをする。CPUにとって外部との接点となる重要な部品

3 ROM 読み出し専用の記憶装置

マイコン炊飯器でご飯を炊くため、機器を制御するプログラムが収納されている。このプログラムを入れ替えることで、他機種の制御も可能にしたのがマイコンの最大のメリット　　　　　　　　　　詳しくはp50～51

4 RAM 読み出し、書きこみ可能なメモリ

炊飯の状況をCPUが把握するために必要なデータを、そのつど記憶し、現在の状態を知らせるデータと比較したりするための記憶装置　　詳しくはp50～51

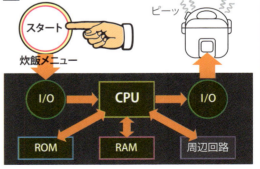

2 CPU マイコン炊飯器の司令塔

マイコン炊飯器が上手にご飯を炊いて、保温できるよう全体をコントロールするのがCPU。スタートボタンが押され、炊飯メニューが選択されると、CPUはROMから炊飯メニューのプログラムを読み出し、そこに書かれた手順どおりに、炊飯システムをコントロール。炊飯の状態の確認、温度の制御、炊飯の終了、保温の開始を周辺回路と連動しながら遂行する

45

Part 3 電気と半導体の基礎知識 ⑩

光と電気を変換する光半導体 LEDやイメージセンサーの仕組み

半導体が実現した光と電気の変換

天才物理学者アインシュタインは、1905年に発表した論文「光量子仮説」で、光の粒子が金属の原子にぶつかると、光粒子のエネルギーが吸収され、金属から電子がはじき出される現象を説明。この仮説はその後の実験で証明され、光と電気が変換可能なことも、広く知られることとなりました。

しかし、この現象を利用して光と電気の変換を実現するには、光半導体の誕生を待たなければなりませんでした。電気を光に変換する発光ダイオードは、半導体の基本であるPN結合によって、電子と正孔が結

映像を光へ、光を電気に。そして再度映像に

スマホのカメラはなぜレンズが複数?

スペースのないスマホでは、可変レンズのズーム機能は搭載できず、固定倍率のレンズを切り替えて、ズーム機能を持たせている。3眼の場合、超広角・広角・望遠レンズを搭載

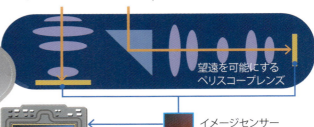

カメラのイメージセンサーの仕組み
スマホのレンズとセンサー(極めて簡略化しています)

望遠を可能にするペリスコープレンズ

イメージセンサー

スマホのイメージセンサーはデジタルカメラのセンサーサイズより小型。その微小なスペースに高密度な半導体が詰めこまれている

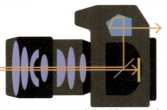

通常のデジタルカメラの構造

センサーサイズの種類と用途
- フルサイズ　フィルム35ミリ同等、ハイエンド高級カメラ用
- APS-Cサイズ　普及用一眼レフカメラ用
- フォーサーズサイズ　ハイエンドコンパクトカメラ用
- 1サイズ
- 1/1.7サイズ　コンパクトカメラ用
- 1/2.3サイズ　スマートフォン用

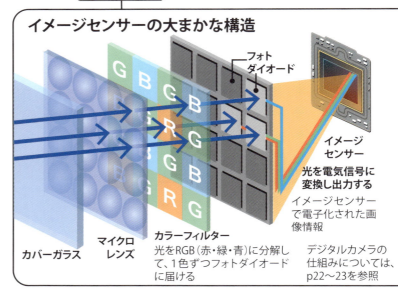

イメージセンサーの大まかな構造

フォトダイオード

イメージセンサー

光を電気信号に変換し出力する
イメージセンサーで電子化された画像情報

カバーガラス / マイクロレンズ / カラーフィルター　光をRGB(赤・緑・青)に分解して、1色ずつフォトダイオードに届ける

デジタルカメラの仕組みについては、p22〜23を参照

46

合する際に光が生じる現象を利用したものです。赤と黄緑の発光ダイオードは、すでに1960～70年代に発明されていましたが、自然光として照明に利用するためには青色が必要です。1993年に日亜化学の中村修二氏が高輝度青色発光ダイオードを発明し、現在のLED照明への道を開きました。

光を電気に変換する半導体も、基本構造は同じです。PN結合で生じた空乏層に光を当てると、電子と正孔が移動して起電力が生じ、電気が流れます。この受光素子をずらりと並べて発電するのが太陽光発電です。

一方、受光素子を超微細化し、人間の網膜のような働きをさせて、画像を電気信号に変換するものがイメージセンサー。こちらはフォトダイオード、カラーフィルター、マイクロレンズで構成された受光素子を並べて作られます。受光素子の数は画素数とも呼ばれ、多いほど画像の鮮明度が高まります。1996年に発売されたデジタルカメラQV-10は25万画素でしたが、現在のiPhone内臓カメラは4800万画素にも達しています。

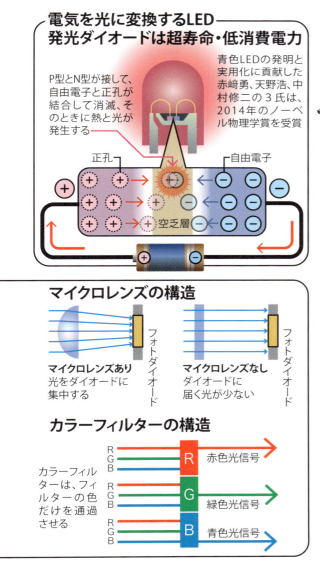

電気を光に変換するLED
発光ダイオードは超寿命・低消費電力

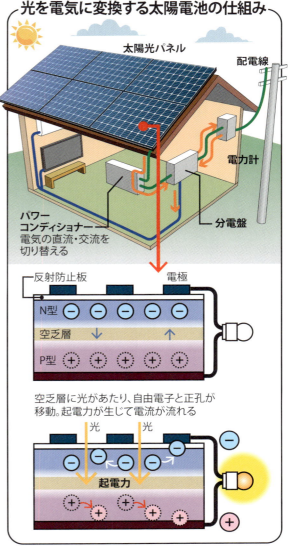

光を電気に変換する太陽電池の仕組み

47

Part 3 電気と半導体の基礎知識 ⑪

CPUの進化とGPUの誕生を設計事務所にたとえて見てみよう

処理能力を高めてきたCPU

コンピュータの中枢を担うCPU（中央演算処理装置）の働きと進化を、ここでは建築設計事務所にたとえて見てみましょう。

この事務所には主に6つの部署があります。まず仕事の注文を受けつける「入力装置」。注文内容は「制御装置」こと社長に届けられます。社長はこの注文を、設計スタッフにあたる「演算装置」に分担。設計スタッフは、仕事に関する資料を、資料室である「メモリ装置」で探します。これらの資料や作業の成果は、スタッフ共同の作業机にあたる「内部記憶装置」に保管されます。

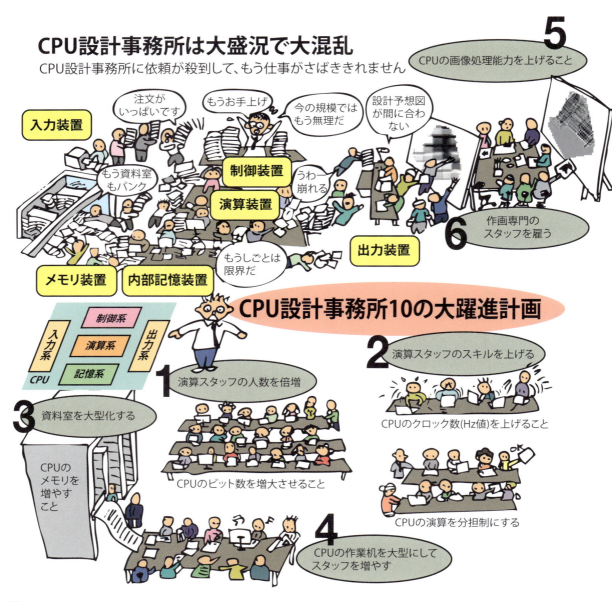

こうして作られた設計プランは、最後の部署「出力装置」で完成予想図として描かれます。

ところが注文が殺到するようになり、6つの部署は大混乱。社長は事務所能力の増強を計画しました。まずは演算スタッフの増強。同時にスタッフ個人の能力も向上させます。これはCPUのビット数の増加、処理速度であるクロック数の増加に現れます。

仕事量が増加すると、それと並行してメモリも増加されます。そして最大のネックは、画力が問われる「出力装置」部門。社長はこの部門を独立させ、画像処理に特化した「GPU（グラフィックスプロセッシングユニット）」という別会社にしました。

CPU設計事務所の人気は衰えず、ますます発展。そこで「演算」「メモリ」部門を、仕事の性質別に分社化し、この分社を「コア」と呼びました。こうして分社化されたCPUグループは、1つのビル内で、中心の「制御装置」が「コア」をコントロールする仕組みを作りあげました。そして最近は、GPUもグループに合流し、一層の成長を続けています。

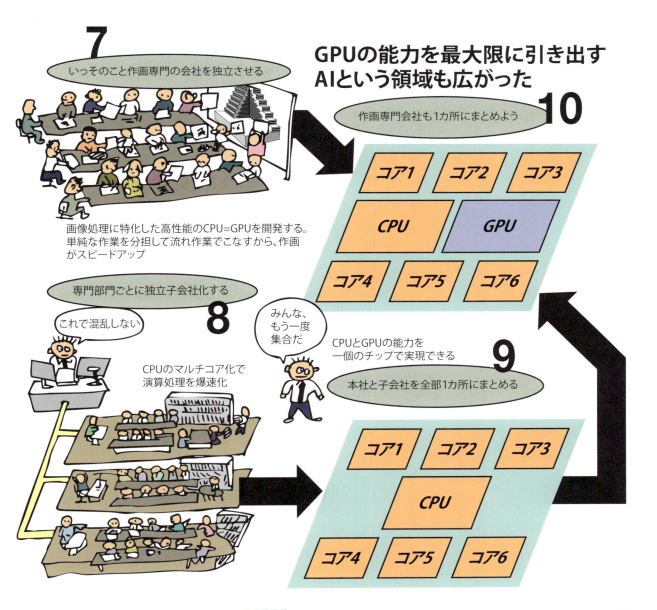

GPUの能力を最大限に引き出すAIという領域も広がった

データを記憶する半導体メモリ RAMとROMの違いと働き

Part 3 電気と半導体の基礎知識 ⑫

RAMは一時的、ROMは永続的に記憶

　半導体を使ってデータを保持する記憶装置のことを、半導体メモリといいます。半導体メモリは多数のメモリセルから構成され、その1つ1つに0か1の情報を蓄えることでデータを保持しています。

　半導体メモリには、データの読み出し・書きこみの両方ができるRAM、読み出し専用のROMの2種類があります。

　RAMは一時的にデータを保持し、電源が切れるとデータが失われる揮発性メモリの1種。パソコンやスマートフォンのメインメモリ(主記憶装置)として使われるDRAM、

データを保持するために使われる、半導体メモリには大きく分けて2種類ある

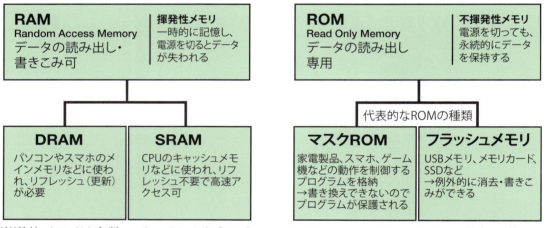

DRAMの構造

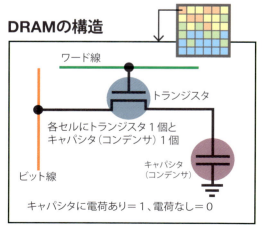

ワード線とビット線の電圧を調整してトランジスタをオンにし、電荷を出し入れ。トランジスタをオフにすると電荷が保持される

フラッシュメモリの構造

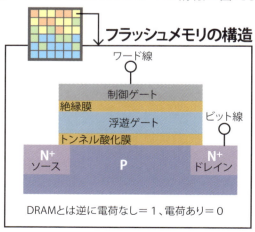

制御ゲートに電圧をかけると、トンネル酸化膜を通過して浮遊ゲートに電荷が出し入れされる。電荷は膜に挟まれて保持される

パソコン内のCPUのキャッシュメモリとして使われるSRAMの2種類があります。

一方のROMは、電源を切っても永続的にデータを保持する不揮発性メモリ。電子機器を動作させるプログラムはROMに保存されています。USBメモリ、メモリカードなどのフラッシュメモリもROMの仲間です。

これらのメモリは、どのように使い分けられているのでしょう。例えばパソコンで文書を作成するとします。このときパソコン内のCPUから指令を受け、指定の画面を表示・保持しているのがDRAMです。電源を切ると、データは消えてしまいます。たとえていえば、勉強するときは机にノートや教科書を広げ、勉強が終わると机の上を片づけるのと似ています。机が広いほど多くの資料が広げられるように、メモリも容量が大きいほど多くの処理をこなせます。

一方、文書や画像などをずっと保存しておきたいときに使うのが、フラッシュメモリのような補助記憶装置。ストレージとも呼ばれ、こちらは本棚にたとえられます。

パソコン内でメモリはこんなふうにデータをやりとりしている

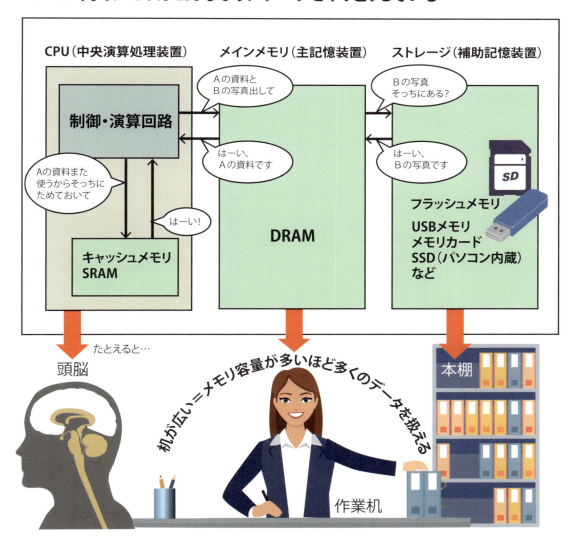

Part 3 電気と半導体の基礎知識 ⑬

3次元チップ・チップレット・高層メモリ
新しい半導体が次々生まれている

超微細化から高層化へ

これまでの世界の半導体メーカーは、たとえば、狭い土地を巡って競争してきた不動産デベロッパーのようなものでした。なにしろ、わずか数ミリ四方のチップに何億個のトランジスタを配置できるかを競ってきたのですから。しかし超微細化・高密度化にも限界が見え始め、土地を有効利用するために高層ビルを建てるように、半導体も高層化・立体化の時代を迎えています。

まず高層化の試みが始まったのは、フラッシュメモリです。メモリを構成するメモリセルを秩序正しく積み上げればいいので、当初は比較的簡単かと思われました。ところが、思いもかけない難題がもちあがります。ただ積み上げるだけではなく、それぞれのメモリセルを配線でつなぐためには、チップを貫く垂直の穴を掘らなくてはなりません。建物でいえば、最上階から地下のコントロール施設まで、極めて正確な垂直の縦坑が必要なのと同じです。

1 チップを重ねれば、性能は2倍のチップになる

半導体チップの微細化の追求が、チップサイズの限界に行き当たった。この限界の突破口として考えられたのが、チップの3次元実装。家族が増えてこれまでの平屋では狭いので2階、3階を増築するようなもの

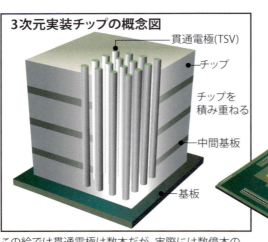

この絵では貫通電極は数本だが、実際には数億本の電極が作られる

3次元実装チップ

2 チップのパーツを独立させて、最適な組み合わせでチップ化する

これまでの半導体チップは、個別の機能をもつ半導体を小さくし、極微細な回路設計で1つにしていた。この半導体をバラして、それぞれに最適な条件で製造し、組み合わせることで、より高性能の半導体を作ろうとしている

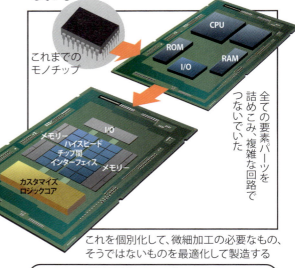

これを個別化して、微細加工の必要なもの、そうではないものを最適化して製造する

半導体チップレット

CPU もっと小さくなれ　微細化も限界だ!!

半導体の穴掘りには、ドライエッチング（詳しくはp66〜67）と呼ばれる従来技術が用いられます。例えば直径0.1μm（1mmの1万分の1）の穴を深さ10μmまで掘るというようなナノレベルの作業には、高度な技術が必要です。この技術がなければ、半導体の高層化も絵に描いた餅になってしまいます。

現在盛んに提案されている、チップ自体を立体的に積み上げる3次元チップも、立体化が期待されるチップレット（複数の小さなチップを1パッケージに収める技術）も、同様の難しさを伴います。極めて高度な新半導体は、ドライエッチングという隠れた技術の革新に支えられているのです。

東京スカイツリー
10本分を
垂直に貫く
穴を掘る
ようなもの
約**6,300**m

この技術が
ないと、この
高層ビルも
3次元実装も
できない

3 単純なメモリは、積み上げて高層ビルにしよう

スマートフォンに代表されるユーザーの、とめどなく増加するメモリ消費に応えるために、半導体メモリは記憶容量を増やし続けてきたが、ここでも同じ問題に直面する。それはチップサイズの限界。そこで2013年頃より、半導体メーカーはメモリセルの立体化に挑戦した。現在は約300層のメモリが登場。2030年までには、1000層のメモリが計画されている

建てるのは難しくない、難しいのはまっすぐに正確な穴を掘ることだ

新世代半導体のコア技術は、実は超微細なドライエッチングによる、チップを貫く正確無比な穴掘り技術だった

2030年までに
1000層を
目指している

メモリセル

この電極の
穴掘りが大変

具体的には、
例えば直径
0.1μmの穴を、
深さ10μm
掘るとすると…

1μm（マイクロメートル）＝1mmの1000分の1

深さ 10μm
穴径 0.1μm
（髪の毛の1000分の1の太さ）

これを縦横比で言えば100:1

高層メモリ

基底部
68m

53

Part 4 半導体製造の現場から ①

急成長を遂げる半導体業界の現在と未来

お話いただいたのは
**東京エレクトロン株式会社
代表取締役社長・CEO
河合利樹さん**

1963年大阪府生まれ。1986年に東京エレクトロン入社。2010年に執行役員、2015年に代表取締役副社長・COOに就任。2016年から代表取締役社長・CEO

出典：1990-2023 (WSTS)／2024-2030 (IBS, August 2024)

半導体市場は2030年には1兆ドル以上になると予想

>1兆ドル
5,268億ドル(2023年)
76年かけて出来上がった現在の市場規模のおよそ倍に成長

東京エレクトロン株式会社とは

東京エレクトロンは、1963年に技術専門商社としてスタートした後、1980年代に開発・製造機能をもつ半導体製造装置メーカーへと移行。今日まで、半導体製造業が求める付加価値の高い最先端の製品とサービスを提供してきた。その結果多くの製品で世界シェア1,2位を獲得。特許保有数は全世界で23,000件以上を誇る、日本を代表する半導体製造装置メーカーへと成長した。

半導体とその製造装置が作る巨大市場

私たちの会社、東京エレクトロンは、半導体デバイスを製造する企業が使用する、半導体を製造するための装置をつくっている会社です。1960年代から、世界各国のお客さまに装置を提供し続けています。半導体の黎明期から現在に至るまで、世界のエレクトロニクス業界の発展を、半導体製造装置で支えてきたとも言えます。最先端の技術と確かなサービス、そして長年にわたるお客さまとの強固な信頼関係によって、私たちは半導体製造装置の生産額で日本ではトップ、世界でもトップクラスの企業に成長してきました。

ここからのページでは、半導体製造の魅力をご紹介し、半導体産業の将来に向けた取り組みについて、読者の皆さんにお伝えしたいと思います。

最初にご紹介したいのは、世界の半導体産業の規模がどれほど巨大かということです。市場規模は2023年時点で約5200億ドル、日本円で78兆円以上にもなります。しかも、この市場はこれからも成長が続くと予想されていて、2030年頃には1兆ドル超と現在の倍以上に拡大し、2050年には5兆ドルになるともいわれています。つまり、現在の市場の10倍もの市場へと成長するということです。

では、なぜ半導体市場がこのように、急速な成長を遂げてきたのでしょうか。その

背景には、継続的な技術革新があります。

半導体の技術進化が生んだ成長力

　半導体の進化がパソコンやスマートフォンなどの電子・通信機器やネットワークインフラの進化を実現したことで、それらが全世界に普及していきました。

　半導体の歴史とは、その時々の画期的な発明、技術革新によって、半導体の性能が進化しただけでなく、進化した半導体の機能がさらに様々な電子機器やインターネットなどのサービスを次々と誕生させてきたことにお気づきでしょう。半導体の進歩は、現代のテクノロジーの進化や社会の変革に大きく貢献しています。（Part２・３参照）

　このことを通じて、次に知ってほしいのは、半導体製造の世界は、絶え間ない創意工夫や斬新なアイデア、それらを結集するチームワーク、失敗を恐れないチャレンジ精神に満ちているということです。人間の髪の毛の２万分の１の細さのパターンを作るなど、原子の大きさに近いナノレベルの超微細な加工を行うため、常に最先端の技術を追求しています。半導体製造装置の仕事は、グローバルにビジネスを展開する大きな世界から、ナノレベルに加工する極めて小さな世界までをカバーする、他に例のないダイナミックなものといえるでしょう。

　また、半導体製造は、様々な産業領域の技術、例えば電子、化学、機械工学、電気、

55

サステナブルな社会の実現に向けて
より一層の半導体の技術革新を

半導体の加工技術は究極の領域へ

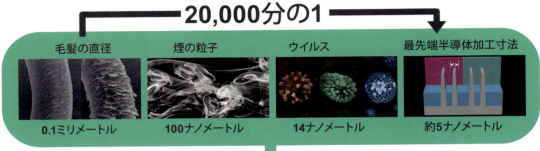

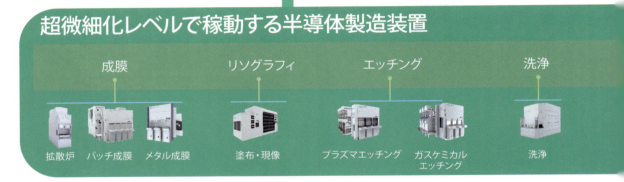

　工程管理、そしてデジタル技術という多方面の知見を複合的に組み合わせ、その製造工程は2,000以上にも及んでいます。

　ですから、この広大な世界で創造力を発揮するために、私は経営者として3つの言葉を大切にしています。それは、「Ambition, Trust, and Collaboration」という意識を常に持ち、仲間を信頼し、互いに協力しあう、というものです。

　このキーワードを誠実に実践してきたことが、私たちの成長につながっていると考えています。

　では、半導体業界は、未来に向けてどのような挑戦をしていくのか。先の新型コロナウイルスのパンデミック、ロシアによるウクライナ侵攻、中東の混乱は言うまでもなく、世界にはVUCAという略語に象徴される懸念が存在します。これはvolatility（変動性）、uncertainty（不確実性）、complexity（複雑性）、ambiguity（曖昧性）の頭文字をつなげた言葉で、世界は流動的で不確実な変化を続け、複雑で曖昧な状況が続いていくと予測されています。

半導体の未来とその課題とは

　しかし、時代がVUCAの流れにあっても、確実に言えることは、世界の経済活動は止まらないということです。そして半導体業界は、その経済活動を支え続けなければなりません。

　そのために現在、私たちは、世界中が共

半導体企業が目指す2大テーマ

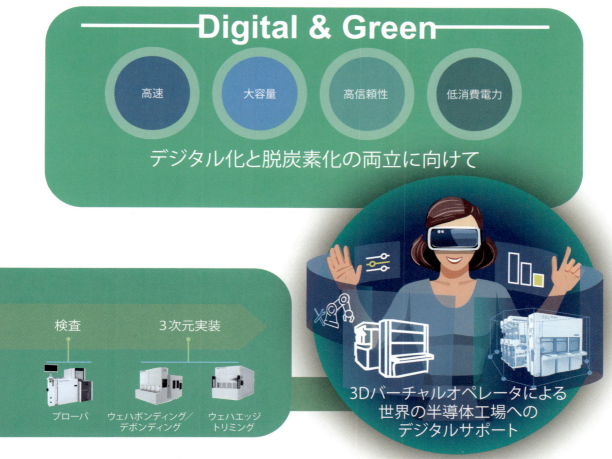

有する2つの大きな課題に取り組んでいます。1つはデジタル化の進展による豊かな社会の実現。当社においても、現在、世界19の国と地域・87拠点*で事業を行っていますが、さらなるグローバル展開を目指す中、AIとロボットを活用したスマート化の推進などデジタル技術の活用を進めています。

もう1つが地球環境保全に向けた脱炭素化です。皆さんの身のまわりにも、様々なオンラインサービスがあると思いますが、例えば、オンライン会議の活用により、人や物の移動で使用される航空機からのCO_2排出量を削減することができます。その一方で、膨大なデータを処理するデータセンターの低消費電力化の重要性が増しています。このように「デジタル化と脱炭素化」を両立し、夢のあるサステナブルな社会を実現するためには、より一層の半導体の技術革新が不可欠です。もっと大容量のデータを高い信頼性で、より高速で、そして低消費電力で動く半導体への期待が高まる中、私たち製造装置メーカーが重要な役割を果たしていきます。

現在14歳の皆さんが20代、30代になる頃には、この業界では劇的な革新が進み、世の中も今とは大きく変わっていることでしょう。読者の皆さんが半導体に興味をもってくれること、さらには将来、半導体業界で活躍してくれることを心より楽しみにしています。

＊2024年4月現在

まず半導体製造の全工程を大まかに知っておこう

企画設計、前工程、後工程の3工程

半導体を製造する工場には、他の業種の工場とは大きく異なる特徴があります。それは工場内が、文字通り「チリ1つない清潔な」空間であることです。ナノレベルの超微細な構造をもつ半導体にとって、パーティクルと呼ばれる微細な粒子すら大敵。ましてや人体に付着したゴミなどは論外の邪魔者です。そのため半導体工場で働く人は、クリーンウェアと呼ばれる防護服に全身を包んでいます。空間全体がとてもきれいな状態に保たれたクリーンルームと呼ばれる工場で、半導体は製造されているのです。

半導体のできるまでの工程は、大きく3つに分かれている

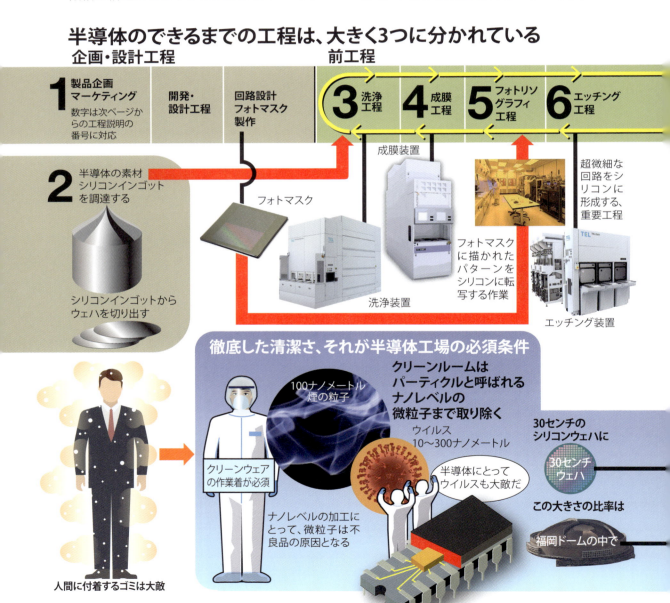

次に、半導体デバイスができるまでの工程を3つに分けて整理しておきましょう。まずは企画・設計工程。これから製造する半導体の概要を決定して、その機能を実現する半導体を設計した後、回路図を転写したフォトマスクを作成。これが、それ以降の製造工程での原版となります。

　製造工程は、前後2つの工程に分かれています。「前工程」は、半導体シリコンウェハ上にトランジスタを作りこむ工程。様々な工程を何百回と繰り返し、1個数ミリのチップに数億個のトランジスタを作りこむ工程は、最新技術の結晶といえます。

　「後工程」は、シリコンウェハ上に作られた半導体チップを製品としてパッケージできるように加工を施す工程です。ここにも極小のチップと電極との配線作業、樹脂による封入作業など、極小で緻密な半導体製造のノウハウが詰まっています。

　半導体の製造には、通常数カ月以上の時間を要します。次のページからは、その工程を、さらに詳しく見ていきましょう。

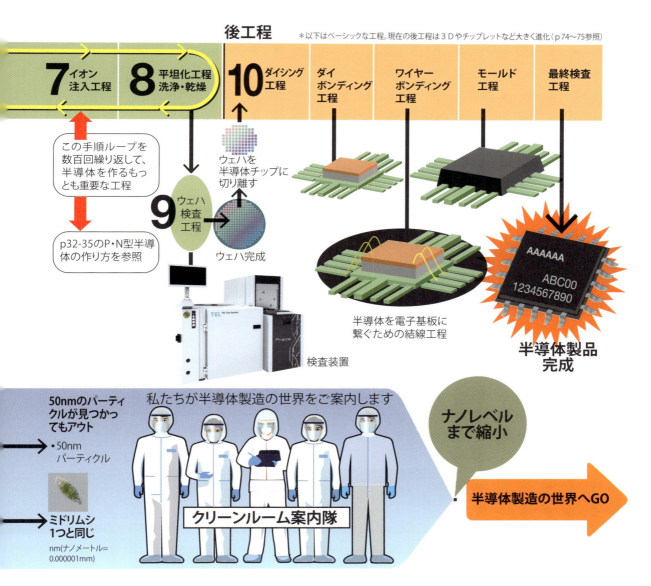

Part 4 半導体製造の現場から ③

新規半導体開発スタート
回路設計とシリコン素材の調達だ!!

設計とシリコンウェハ製造は別業者

　半導体生産過程の最初に動き出すのは、半導体製造企業の製品企画を決定する経営陣です。半導体はその生産に時間と極めて多額の資金を必要とし、それでいて常に技術トレンドと需要動向が変動します。製品企画の担当者は、現在の市場の先にある、新たな需要を読み取らねばなりません。ITやエレクロトニクス業界の動向を予想して、必要とされる性能と消費電力などを決定し、企画から量産までの時間軸を設定します。

　新製品の方向性を決定した経営陣は、そ

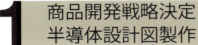

1 商品開発戦略決定　半導体設計図製作

半導体メーカーにとって商品企画を間違えるとアウト

- AIデータセンター向け半導体の開発が最重要課題です
- 新製品開発決定!!
- 製品の性能仕様の決定　処理スピード　コア数(CPUに内蔵されているプロセッサの数)　消費電力　価格など詳細決定
- 機能設計　仕様を実現するために必要な機能の算出
- 論理設計　機能設計を論理回路に変換する
- 商品開発戦略会議
- そうだ量子研究用も必要だ

外部企業による設計の支援は必須
半導体設計は、急激な高機能化、多機能化によって高度化。このような企画・設計のノウハウを持つ、外部企業の支援は、企画開発にとって必須

- シミュレーション　回路が仕様通り動作するかをシミュレーションする
- レイアウト設計　チップ上にトランジスタ回路を配置、配線もレイアウト
- 回路設計　論理回路をチップ上の具体的なトランジスタ回路に変換

新規半導体設計完成!!

- フォトマスク製作　専門の製作会社に依頼する

フォトマスク
これが以降の製造作業の原版となる

の企画を開発スタッフに伝え、新製品開発がスタート。仕様が決定され、その機能を実現するため半導体の設計作業が続きます。この緻密な設計作業には、現在では、EDAと呼ばれる半導体回路の自動設計システムが力を発揮します。

こうして製作された緻密な半導体集積回路図は、フィルム写真のネガフィルムに相当するフォトマスクに写しこまれます。このフォトマスクの回路図をもとに、これ以降ナノレベルの微細加工工程が続きます。

設計作業と並行して行われるのが、半導体の基本材料となるシリコンウェハの製造です。まず採取したケイ石を石炭、コークスと一緒に電気炉に入れ加熱。これでシリコンを取り出し、反応炉でより純度の高い多結晶シリコンに加工。次に、特殊な高周波加熱によってシリコン原子が規則正しく並ぶ、単結晶シリコンへと変化させます。

こうしてできたシリコンインゴットを薄く切断して、シリコンウェハができあがります。

Part 4 半導体製造の現場から ④

半導体作りは、ウェハの洗浄後様々な膜をつける工程から始まる

シリコン表面に膜をつける

　いよいよ半導体の製造が始まります。まず材料のシリコンウェハの洗浄が行われます。先に見たクリーンな製造工場と同様に、この洗浄は大切な工程です。

　シリコンの洗浄を終えてウェハを乾燥させてから、半導体製造の具体的な工程が進むのですが、その前に半導体の製造方法について、こんなイメージをもったほうが、これからの理解の助けになるかもしれません。

　それは観光スポットや商業施設の壁画などに見られるスプレーアートの制作工程。アーティストはシャッターなどの表面に紙

3 シリコンウェハは常に清浄に

半導体作りの大敵は、極微細なパーティクル。これは人間以外にも、製造工程からも生じ、各作業工程の様々な皮膜素材の残滓も大敵。そのためウェハの洗浄は作業工程の始めと終わりには実施される。薬液と超純水で洗浄するウェット洗浄法が現在は主流

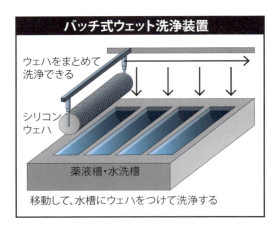

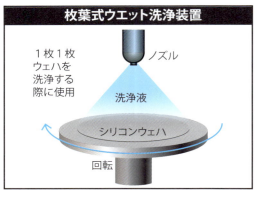

4 シリコンの表面に膜を作る3つの主な方法

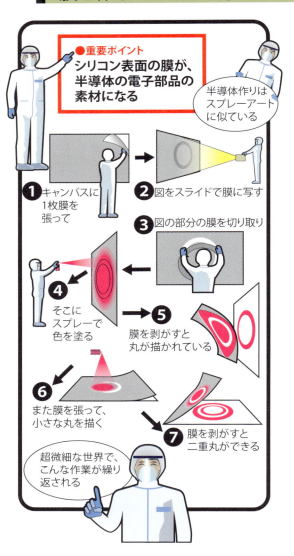

を張り、そこに描きたい作品の図柄を下絵として描きます。次に色をつけたい部分の紙を切り取り、そこに塗りたい色のカラースプレーを塗布します。そして紙全体を取り除けば、きれいな図柄が仕上がります。

極めて大雑把に言えば、半導体の製造とはシリコンウェハの表面で、この作業を極めて精密に繰り返し行うのに似ています。

半導体製造も、シリコンの表面に膜をつける成膜工程から始まります。下に示したのは、その成膜作業の3つの具体例です。

「酸化膜生成」は、加熱した酸化ガスによってシリコン表面を酸化させ、酸化膜を作る方法。「CVD」は、作る膜の種類によって材料のガスを使い分け、シリコン表面に薄い膜を作る方法。「スパッタリング」は、作りたい金属（ターゲット）に真空下でマイナスの電圧をかけて、アルゴン原子をぶつけ、はじき出された材料の原子でシリコン表面に膜を作る方法です。極めて微細な膜をウェハごとにばらつきなくつけるために、高度な科学技術が駆使されています。

1 ウェハ表面を酸化させて膜を作る

シリコンの表面に、主として絶縁膜を作る際に用いられる方法

酸化膜生成の仕組み

ウェハを酸素を含むガスで包み、高温にしてウェハ表面のシリコンを酸化させ膜を形成する。ガスの種類、ガスの気圧などを変えて、目的の酸化膜を作成する

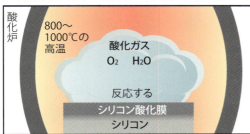

2 CVD（化学気相成長）で膜を作る

CVDの仕組み（プラズマCVD）

使用するガスの種類、熱の加え方によって、酸化膜、窒化膜、多結晶シリコン膜などを生成できる。プラズマと熱併用型は低い温度で成膜できる

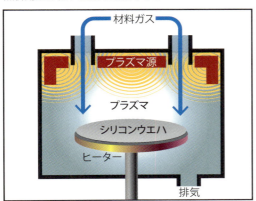

3 主に金属の膜を作るスパッタ方式

スパッタリングの仕組み

アルミ、タングステン、チタンなどの、チップの電極と結線に必須の金属膜を作るための方法。スパッタリングと呼ばれる。プレート形状の成膜材料にアルゴン原子を超高速で衝突させて、飛び出したターゲット原子をシリコンに付着させる（以下はイメージ図）

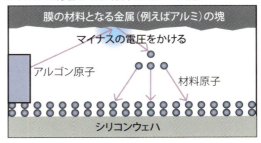

スパッタリング装置の概略

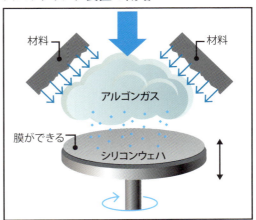

Part 4 半導体製造の現場から ⑤
フォトリソグラフィでシリコンに電子回路を写しとる

写真を撮るように回路を転写

　表面に膜を形成したシリコンウェハは、次のフォトリソグラフィの工程に進みます。膜の上に、描くべき図柄を転写する工程です。この転写の技術の原型は1957年にジェイ・ラスロップというアメリカの物理学者が取得した特許にあります。

　当時ラスロップは、小さな砲弾の発火装置に使うため、超小型のトランジスタの回路をゲルマニウムに作りこむ方法に悩んでいました。顕微鏡をのぞいていたとき、彼はふと小さな物を大きく見せる顕微鏡のレンズを逆にして、大きな物を小さくできな

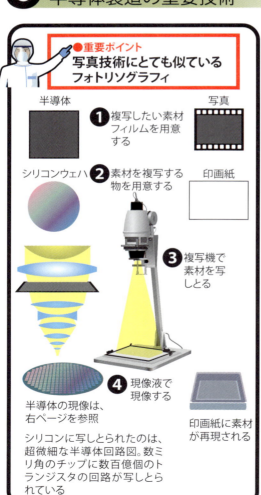

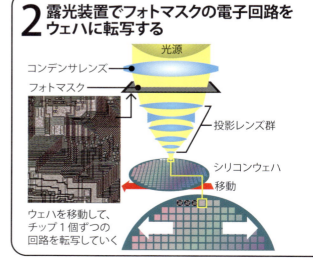

いかと思いつきます。早速実験してみると、結果は大成功。これが超微細な回路パターンをシリコンに転写する技術の始まりです。

現在のフォトリソグラフィ工程も、原理的にはこのときから変わっていません。まずウェハ表面にフォトレジストと呼ばれる感光性の樹脂を均一に塗布します。

次に半導体の回路パターンが描かれたフォトマスクを通して光が照射され、フォトレジストが反応します。この反応には2パターンあり、光が当たった部分が溶けるポジ型と、影になった部分が溶けるネガ型があります。この工程は、写真の複写の仕組みと同じです。そしてこのあとの工程は、写真でいえば現像にあたります。露光したウェハはプリベーク工程で表面の余分な有機溶剤が除去され、現像液でフォトレジストが洗い流され、純水で洗浄されます。

こうしてウェハ上の酸化膜の上に集積回路が転写されます。フォトリソグラフィ工程は、半導体製造過程で何度も繰り返され、超精密な回路が作られていきます。

3 現像し、不要なレジストを洗い流す

純水　　現像液

現像液を均一に散布し、その後純水で洗い流す

シリコンウェハ

スピンデベロッパー(回転式現像装置)

最新露光装置はEUV方式

露光光源の波長の比較 (概略図で、正確ではありません)

i線	365nm	
KrF線	248nm	
ArF線	193nm	
EUV	13.5nm	

EUVという最新の微細パターン露光装置では、7nm世代以下の回路パターンを露光するため、10枚以上の鏡で光を反射させている。光のエネルギーは反射するごとに減衰し最後は数%しか届かないため、複雑な光学装置が開発されている

EUV方式の構造

照明光学系　反射型マスク　投影光学系　EUV光源　ウェハ　ウェハステージ

2種類のレジストを使い分ける

ポジ型	ネガ型
レジストの場合	**レジストの場合**
光に反応して、光が当たった部分が溶ける	光が当たった部分が残る

光　光

フォトマスク

レジスト　酸化膜　シリコンウェハ

現像液　現像　現像液

転写した図柄部分のレジストが残る　転写した図柄部分のレジストが消える

年賀状の版画作りと同じだよ

文字の部分を立体的に掘り出す　文字の部分を彫りこんでいく

不要な膜を除くエッチング工程の後 イオン注入によって不純物を添加

膜をけずるエッチング

ここまでの工程は、スプレーアートでいえば、紙を張り、その上に図柄を転写するまでの作業にあたります。次の作業は図柄にそって不要な紙を剥がし、色を塗布すること。半導体の製造も、それと似ています。

半導体製造では、膜をけずる作業をエッチングといいます。先の現像作業で不要なフォトレジストが除去され、回路パターンが描かれたあとに残る酸化膜などを取り除くのです。

反応性ガスを用いて膜を除去することをドライエッチングといいます。

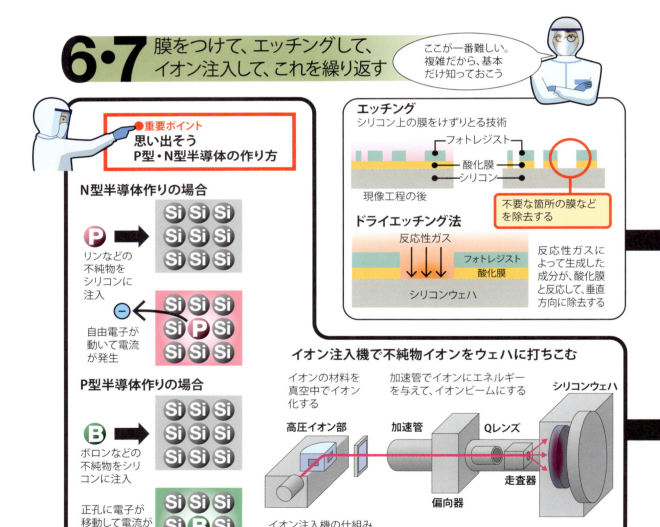

不純物をイオン化して注入

ドライエッチングで膜が除去されて、シリコン表面が現れました。いよいよここに半導体を作ります。ここで、p32～35で紹介したシリコン半導体の作り方を思い出してください。シリコンは、そのままでは電気を通しにくいですが、リンやボロンなどの不純物を加えると、電気を通しやすくなります。

不純物の加え方はいくつかあるのですが、最も精度が高く、広く用いられているのがイオン注入です。

シリコンにイオンを注入するためには、特殊な装置が必要です。この装置でリンやボロンなどの物質をイオン化し、高電圧の加速器を通してイオンビームという光線にしてウェハ表面に打ちこむのです。リンが打ちこまれればN型半導体、ボロンが打ちこまれればP型半導体が、シリコンに形成されるというわけです。乱れた電子配列を整えるため、アニール（熱処理）が行われます。

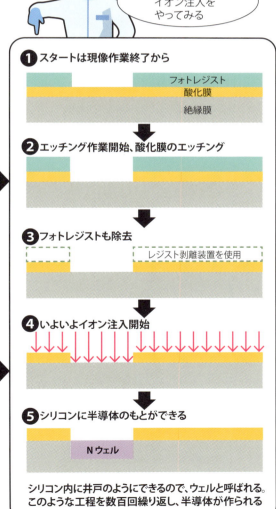

7-2 イオン注入後はアニール熱処理を

左ページのようなイオン注入工程が実行されると、シリコンの原子構造が大きく崩れる。すると電子の動きも悪くなり、半導体としての機能も低下する。そこで再度シリコンの結晶を整えるためにアニールが行われる

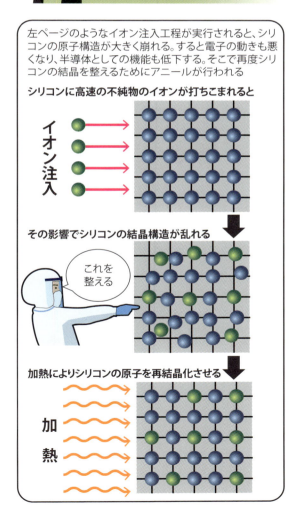

Part 4 半導体製造の現場から ⑦

シリコンウェハ上に集積回路を作る 極小の半導体作りの山場です

超小型化を実現する微細な作業

シリコンウェハ上にトランジスタを作る工程が、いよいよ山場を迎えます。それがどんな作業なのか、ちょっとイメージしてみましょう。いまでは私たちの生活に欠かせないスマートフォンの中にある1cm角ほどのチップには、数10億個以上のトランジスタが入っています。このトランジスタの大きさはどのくらいでしょうか。例えば、パンデミックを引き起こした新型コロナウイルスの大きさは約100ナノメートル。それに対し、トランジスタの加工寸法は最小で5ナノメートルと、ウイルスよりはるか

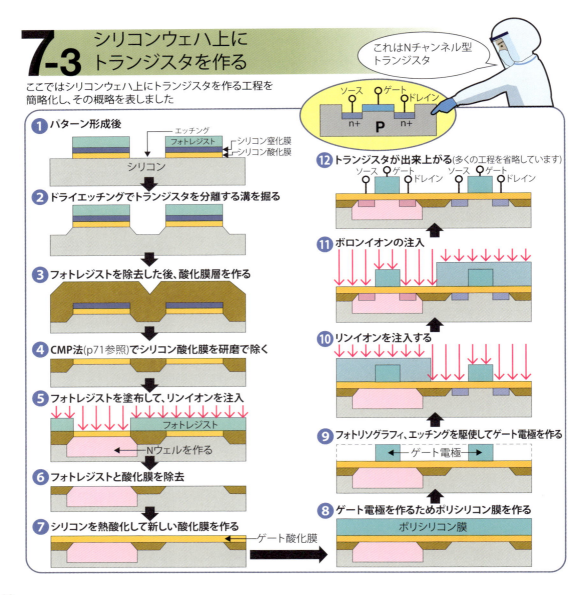

に小さいのです。

MOS型トランジスタの場合、サイズを示す指標として、もう1つ「ゲート長」と呼ばれるものがあります。ゲートとは、トランジスタのオン・オフを切り替えるスイッチの役割を果たす電極をさし、この長さが短いほどトランジスタを小型化して、集積化も実現できます。世界の半導体メーカーが競ってきた小型化とは、このゲート長を短縮する競争でもあったのです。

下に示した図は、このように極小の集積回路が作られていく工程を、極めて簡略化して表したものです。それがどれほど微細で繊細な作業の繰り返しなのか、想像してみましょう。

こうした複雑な工程を経て作られた集積回路を、電気信号をやりとりできる状態にするのが、次の配線工程です。この配線にも小型化達成のための技術革新が起こりました。従来はアルミが使われていた配線の材料に銅が使われるようになり、微細な回路でより高速な信号伝達が可能となりました。

7-4 次の配線工程にはウェハの銅メッキが必須

微細化に沿って、配線の素材も変化してきた

シリコン表面に作った半導体のデバイスを結線して、電子回路を作るための必須の工程が、ウェハへの金属メッキ。かつては電子回路の結線素材としてアルミが使われていたが、現在は半導体の微細化の過程で、電気抵抗、発熱の課題から銅が使われている

IBMの技術革新で実現した銅配線

半導体の結線に銅が使われるようになったのは、大きな技術革新の結果。アルミ結線での微細化の限界を迎えた1990年代に、IBMが、これまでタブーだった銅での結線を提案。銅メッキの方法と同時に、CMP法によって不必要な銅を削り取る研磨法とともに提案した。この技術の実用化で半導体のより一層の微細化と多層化が実現した

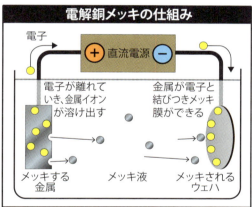

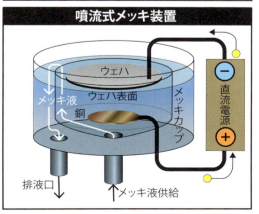

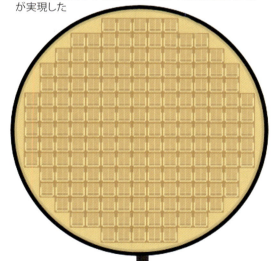

銅による多層配線の様子

トランジスタの銅配線は伝統工芸の象嵌に似ている

ダマシン法による銅配線の技術

かつて半導体製造業界では銅の使用はタブーとされていました。ゲート長の縮小を競えば、必然的に回路の幅も狭くなります。数ナノレベルの回路にとって電導性の良い銅は、回路の働きを乱すやっかいものだったのです。しかし銅の性質を活かす素材が見つかり、銅のもつ熱伝導性のよさ、電気抵抗の小ささが見直された結果、配線材料として採用されます。

銅の採用は、2つの画期的技術の採用によって可能になりました。1つはダマシン法と呼ばれる、絶縁膜に配線専用の溝を掘

銅の配線の利点はなに?

銅の電気抵抗はアルミより30%小さいので、配線抵抗も小さい

銅の熱伝導率はアルミよりも70%大きいので、局所発熱を抑えられる

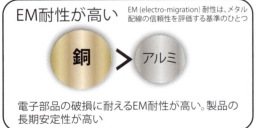

EM (electro-migration) 耐性は、メタル配線の信頼性を評価する基準のひとつ

電子部品の破損に耐えるEM耐性が高い。製品の長期安定性が高い

LSIの銅配線は象嵌に似ている

ダマシンとは中東の国シリアの首都ダマスカスに由来。ダマスカスには象嵌技法の伝統芸術がある

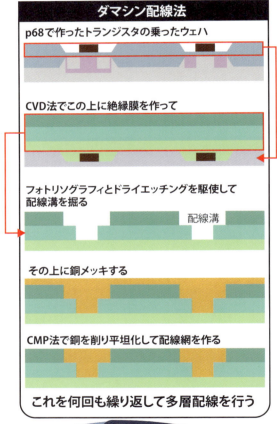

り、銅メッキで銅を充塡する方法。そしてもう1つ、メッキされて表面を覆う銅の皮膜を効率的に研磨して取り除くことを可能にしたCMP（Chemical Mechanical Polishing：化学的機械研磨）法の登場でした。銅配線法は、この2つがセットになって初めて可能になったのです。

特にCMP法は、銅配線だけではなく、半導体製造の過程でウェハ研磨になくてはならない技法となっています。その特徴は、化学的な研磨と同時に、物理的にシリコン表面を磨く砥粒研磨を行うこと。スクラブ入り洗顔料と同じで、スクラブのような超微細な砥粒がシリコン表面を研磨するのです。

ちなみに、ダマシン法の名は、中東の国シリアの首都ダマスカスに由来。ダマスカスには古来、美しい象嵌細工の伝統がありました。素材に精密な模様を彫りこみ、そこに金銀などの貴金属を埋めこみ、表面を磨きこむのが象嵌の技法です。銅配線の精緻な工程が、この象嵌の手法に似ているため、ダマシンと名づけられたのです。

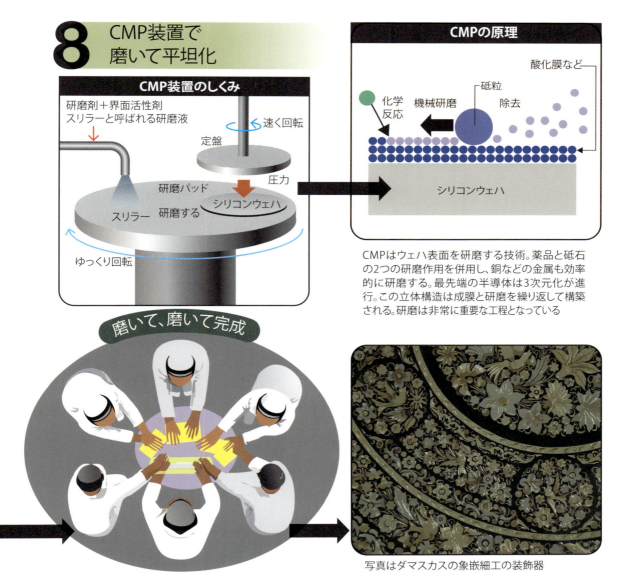

8 CMP装置で磨いて平坦化

CMPはウェハ表面を研磨する技術。薬品と砥石の2つの研磨作用を併用し、銅などの金属も効率的に研磨する。最先端の半導体は3次元化が進行。この立体構造は成膜と研磨を繰り返して構築される。研磨は非常に重要な工程となっている

写真はダマスカスの象嵌細工の装飾器

Part 4 半導体製造の現場から ⑨

ウェハ完成から検査、そしてチップの切り離しへ

2種類の検査後、後工程の工場へ

半導体製造の前工程での検査には、「光学的欠陥検査」と「ウェハ電気特性検査」の2種類があります。前者は前工程の途中で適時実施され、後者は前工程の最後に実施されます。この厳しい検査をパスしたものだけが、次の工程に進みます。

光学的欠陥検査は、製造中のウェハ上の異物、回路の欠陥を光学的に検出します。具体的には、レーザー光の反射でICチップの異常を検知します。

ウェハ電気特性検査では、製造したICチップが正常に動作するか、電気特性検査

9 不良品を見つける厳しい2つの検査

「この検査をパスしないと次の後工程には進めない」

1 光学的欠陥検査（途中検査）

ウェハ上のチップにレーザー光線を照射し、チップ上のパーティクルなどの異物、回路の欠陥からの乱反射を検出し、不良品を選別する。この方法で欠陥が発見されると、次に走査電子顕微鏡(SEM)によって詳細分析をする

2 ウェハ電気特性検査（完成検査）

検査対象のチップが正常に作動するか、テスタからチップへ電気信号を送り、返ってくる数値によって判断する。検査はチップの電極にテストヘッドから伸びるプローブを接触させて行う

欠陥チップは、マーキングされる

ここまで前工程

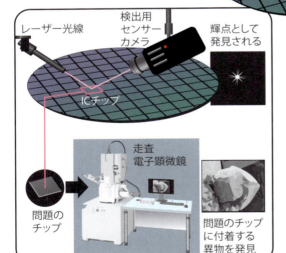

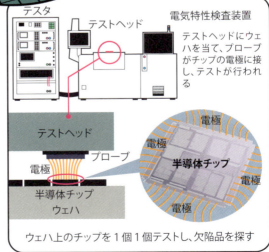

ウェハ上のチップを1個1個テストし、欠陥品を探す

半導体製造企業は歩留まりの向上を目指す

極めて微細な製品を、極めて複雑な工程を経て生産する半導体。一般には20%以下の不良品率と言われ、これを歩留まり80%と表現する。歩留まりの向上はそのまま企業業績に直結

72

装置を使って詳細に検査します。ウェハは1枚ごとにプローブに当てられ、テスタを通じて、チップの1個1個が定められた電気特性を示すかをテストされます。

この厳重なテストを経て、チップは前工程工場から出荷され、後工程を担当する工場へと移送されます。

後工程の最初は、ウェハ上のチップの切り離しです。サイコロ（ダイ）状に切り離すので「ダイシング」と呼ばれ、切り離されたチップは、ダイと呼ばれます。

下の図に示したように、ダイシングの作業の最初に、ウェハの裏面にUVフィルムが貼られます。現在のダイシング法の主流は、先端にダイヤモンドの粒子をつけた極薄のブレードを高速回転させ、ウェハを切断するブレードダイシングです。この切断の工程で発生する異物を除去するため、常に純水が注がれます。切り離しが終わると、ウェハ裏面に光が当てられ、粘着力の弱ったUVフィルムからダイをピックアップします。

10 後工程の最初はチップの切り離し

ここから後工程

チップを切り離すとき、ウェハをさいの目に切るのでダイシングと呼ばれている。以前はウェハ上のチップに沿って線状の傷をつけて、力を加えてチョコレートのように折っていた。ダイヤモンドのブレードが開発され現在の方法に

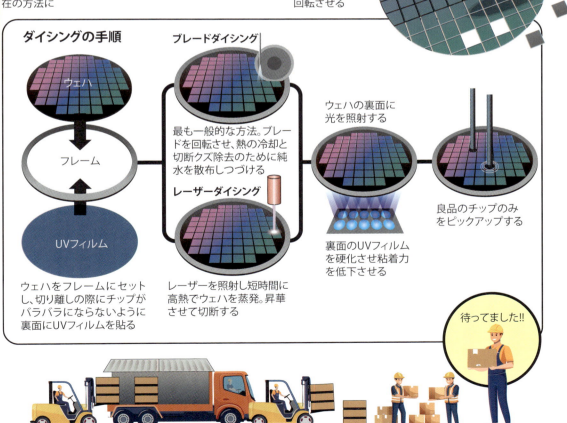

切り離すのにも、多くの手順があるんだ

刃の先端にダイヤモンドの粒をつけた円形の刃を、毎分数万回転させる

ダイシングの手順

ウェハ → フレーム → UVフィルム

ウェハをフレームにセットし、切り離しの際にチップがバラバラにならないように裏面にUVフィルムを貼る

ブレードダイシング

最も一般的な方法。ブレードを回転させ、熱の冷却と切断クズ除去のために純水を散布しつづける

レーザーダイシング

レーザーを照射し短時間に高熱でウェハを蒸発。昇華させて切断する

ウェハの裏面に光を照射する

裏面のUVフィルムを硬化させ粘着力を低下させる

良品のチップのみをピックアップする

待ってました!!

Part 4 半導体製造の現場から ⑩

シリコンチップを固定する工程はボンディングと呼ばれる

半導体チップの固定と結線

切り離された半導体のチップは、まだシリコンの破片でしかありません。私たちが知る半導体製品の姿になるのが、これからの工程ボンディング。ボンディングとは固定するという意味です。

まず、ダイ（チップ）を基板に固定するダイボンディング。工場のラインでは、リードフレームという、ダイを1個ずつ固定する金属のフレームが待っています。真空チャックで吸い上げられたダイは、リードフレームの中央部のダイパッドに、特殊な樹脂の接着剤で固定されます。リードフ

ダイ（ICチップ）の分離工程

ウェハを切り分けた後、UVテープの裏側からニードルでダイを1個ずつ突き上げ、真空チャックで吸い上げて取り出す

ダイボンディング工程

チップをリードフレームに固定する作業。真空チャックで運ばれて、リードフレームの中央に接着剤で固定される

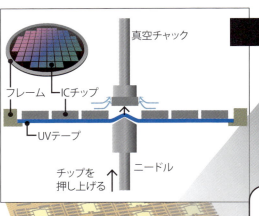

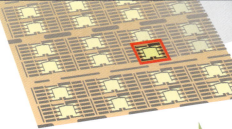

半導体製造技術の進化は → 新しい形のチップを生み出している

1 ワイヤーボンディングからフリップチップへ

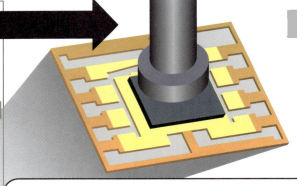

これまでのワイヤーボンディングICチップを上下反転させる

チップの電極とパッケージ基板の電極をバンプという突起で接続する。半田ボールで回路基板と接続する

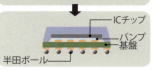

2 ICチップの3D化

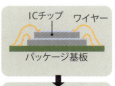

シリコンチップ間を貫通する垂直配線で、チップの3次元積層を可能にしている。貫通した穴を銅などの金属で埋める

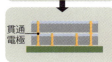

パッケージの小型化

電気抵抗の微小化

レームは、ダイを固定するとともに、ムカデの足のように突き出た端子で外部の配線と接続する役割を果たします。

次に進む工程がワイヤーボンディング。チップ上の電極と、リードフレームの「足」を金属の線で結ぶ作業です。このとき用いられる金属線の多くは金線で、その太さは髪の毛よりもずっと細い25μm。この金線を1本0.05秒程度のスピードで結線する、極めて高精度で繊細な作業です。

この作業にはワイヤーボンダーと呼ばれる機器が活躍します。キャピラリーと呼ばれる専用ツールが、目的の電極のわずか上で停止し、先端から金線を押し出します。この金線を、付随したトーチからのスパークで加熱。溶けた金線の先端を、超音波をかけながらチップの電極に圧着します。時をおかずにキャピラリーは金線を押し出しながら、リードフレーム側の結線部分まで移動し、同じように圧着して結線完了です。ワイヤーボンダーはこの動作を、目にも留まらぬ速さで繰り返します。

ワイヤーボンディング工程

ワイヤーボンダーと呼ばれる専用機で、シリコンチップの電極とリードフレームを、金線で1本ずつ結線する精密作業

髪の毛よりも細い25μmの金線を、1カ所0.05秒という超高速で結線する

3 半導体チップレット

1枚のウェハから作られるスマホのプロセッサ

チップの特性で作り分けて1つにまとめる

チップレットについてはp52-53参照

4 システムLSIの3D化

チップレット化する
チップを重ねて縦に貫通垂直配線を施し、チップを3D化する

貫通垂直配線

チップ面積が縮小して、配線の距離が短縮され、データ処理速度を高速化できる

チップの3D化についてはp52-53参照

この技術が生み出す新しいICチップ

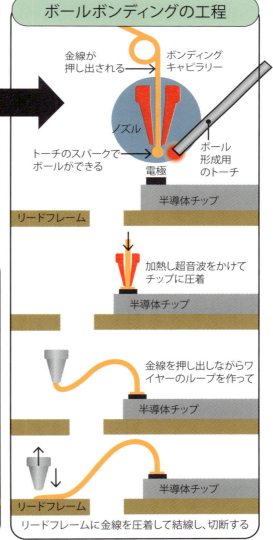

ボールボンディングの工程

金線が押し出される / ボンディングキャピラリー
トーチのスパークでボールができる / ノズル / 電極 / ボール形成用のトーチ / 半導体チップ / リードフレーム

加熱し超音波をかけてチップに圧着

金線を押し出しながらワイヤーのループを作って

リードフレームに金線を圧着して結線し、切断する

Part 4 半導体製造の現場から ⑪

封止、検査、そして刻印を受けようやく半導体が完成する

パッケージされた完成品へ

ワイヤーボンディングが終了した半導体チップは、むき出しのシリコンに金線が張り巡らされた状態です。微細なホコリやわずかな衝撃にも弱いため、保護する必要があります。そのためチップと配線部分を堅牢な樹脂で固めるのが、モールディング（封止）と呼ばれる次の工程です。

半導体チップはリードフレームごと、上下からパッケージの形に加工した金型をかぶせます。次に上下の金型の間にできた空間に、樹脂を挿入して埋めていきます。そして樹脂が固まれば、金型を外します。

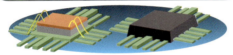

モールド工程

裸のチップに、衝撃や汚れから保護するための樹脂カバーを被せる工程。上下からモールドの金型を被せ、隙間に樹脂を流し込み、硬化させる

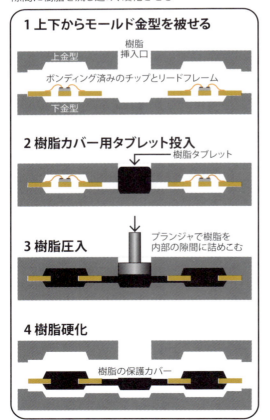

リードフレームの加工工程

保護カバーの外にあるリードフレームに、最後の加工をする。リード端子になる部分にメッキを施し、半導体チップをリードフレームから切り離し、リード端子の先端を規定の角度で折り曲げる

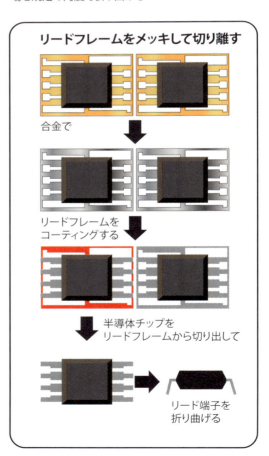

作業はまだ続きます。次にリードフレームに合金でメッキを施します。チップのカバーから伸びた「足」と、電子回路の基板との配線に適した状態にするためです。このメッキが終わり、半導体を1個1個、リードフレームから切り離し、伸びた「足」の先を折り曲げると、私たちの知る黒くて四角い半導体の形が出来上がります。

　しかし、これで完成ではありません。最後の試練が待ち構えています。誕生したばかりの半導体にとっては過酷ともいえるバーンイン検査です。電子機器の不具合の多くは、初期不良に起因します。この初期不良を出荷前に取り除くため、半導体は100℃以上の高温の環境で、所定の電気特性テストを課されます。これに合格できないチップは不良品として破棄され、合格したものだけが、合格品の証明であるレーザーの刻印を受けることができるのです。

　シリコンの塊から数カ月以上の時間を費やし、ようやく誕生した半導体は、重要な役割を担って世界中にはばたいていきます。

最終検査工程

電子機器だけではなく、製品の不具合の頻度は、一般にバスタブ型をとると言われている。下のグラフのように初期不良と経年変化による摩耗故障が特徴。半導体の最終検査は、この初期不良を出荷前に把握し、不良品を除去する検査を目的とする

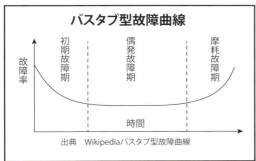

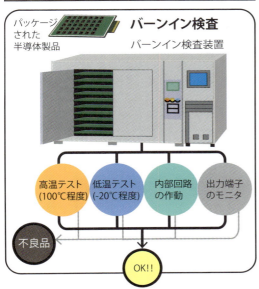

刻印して完成

Part 5 半導体の仕事世界を知る ①

半導体業界で活躍する主要プレーヤー勢揃い

半導体関連企業の5業態と担当工程

約70年前にアメリカで誕生したトランジスタは、小さな半導体（ゲルマニウム）の破片でした。それが、いまや世界を支える産業となり、その経済規模は自動車産業を

半導体業界のプレーヤーには5種類ある

IDM (Integrated Device Manufacture)
垂直統合型デバイスメーカー
半導体の企画・設計から製造・販売までを自前で行う、伝統的メーカー

半導体製造装置メーカー
半導体製造装置の開発製造
日本製造業の物作りの得意分野。世界の半導体産業の基礎構造を支えている

ファブレスデバイスメーカー
自社工場をもたない半導体メーカー
アメリカの新興IT企業に多く、半導体を企画・設計し、製造はファウンドリーに委託

半導体材料メーカー
半導体製造工場へ材料を提供
半導体製造には、特殊で高度な製造技術を必要とする材料が必須。この分野では日本企業が圧倒的シェアをもつ

ファウンドリー
半導体受託製造メーカー
最新の製造技術と製造装置を擁して、他社の製品の生産を受託し、製造するメーカー

台湾
- メディアテック
- TSMC
- UMC
- VIS
- PSMC
- ASE
- SPIL
- PTI

韓国
- サムスン電子
- SKハイニックス
- サムスン電子
- SEMES
- LGケミカル
- SKマテリアルズ
- フォーサング

ヨーロッパ
- インフィニオン・テクノロジー
- STマイクロエレクトロニクス
- NXPセミコンダクターズ
- ASML
- ASM
- BASF
- エアー・リキード

中国
- ハイシリコン
- SMIC
- JCET
- ネクスチップ
- TFME
- フアホンセミコンダクター
- NAURA

中国　台湾　韓国　日本

78

凌駕しようとしています。Part5では、この巨大な経済圏を形成している主要なプレーヤーについて見ていきましょう。

　下の図表は世界の半導体産業を構成する企業を5つの主要な業態別に分類したもの。ここでは、企画・設計から製造・販売まで一貫して行うIDM（垂直統合型デバイスメーカー）、企画・設計を行い、製造は他社に委託するファブレス、製造を請け負うファウンドリー、半導体製造装置メーカー、半導体材料メーカーをそれぞれ色分けしてみました。

　これら5つの業態の企業は、極めて高度な技術を必要とする半導体業界で、分業体制を築いています。この分業体制の具体的な仕組みについては、次のページで詳しく解説していきます。

　この図表を一瞥してわかることは、多くの日本企業が名を連ねていること。その多くが、製造装置メーカーと材料関連メーカーとして活躍しています。

製造装置と材料の分野では、日本企業が圧倒的なシェアを誇っている

Part 5 半導体の仕事世界を知る❷

半導体業界の主要プレーヤー その業態の変遷と現状

自社生産から分業制へ

かつてインテルなどのメーカーは、半導体を自社生産するのが当たり前でした。技術開発から生産、販売・サービスまで1社で行っていました。日本の家電メーカーも、自社製品に使用する半導体は自前の工場で生産していました。このように全工程を一貫して行う半導体メーカーは「IDM（垂直統合型デバイスメーカー）」と呼ばれました。

この自前主義が崩れたのは、1990年代に新興の電子機器メーカーが誕生し、パソコンやゲーム機など新たな市場が生まれたためです。これらのメーカーにとって、新たに

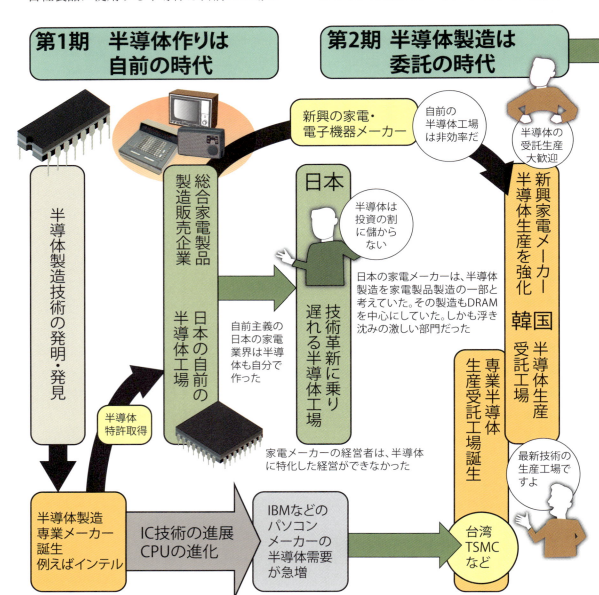

半導体生産設備をもつのは負担が大きすぎました。そこに台湾のTSMCのように、自前の生産設備で他のメーカーの生産を請け負ってくれる企業が現れます。新興の電子機器メーカーにとっては朗報でした。莫大な設備投資が必要な半導体製造から逃れて、自社製品に必要な半導体の研究開発とマーケティングに専念できるのです。

こうして、自社工場をもたず、生産は他に委託する「ファブレス」と呼ばれるメーカーと、生産設備だけをもち、他社の半導体の製造委託を専門に受ける「ファウンドリー」と呼ばれるメーカーが多数誕生します。

このように現在の半導体業界には、伝統的な自前主義のIDMに加え、ファブレスとファウンドリーという3つの業態が存在しています。さらに、この3者に対して、製造施設・機械を提供する製造装置メーカー、また半導体製造の原材料を供給する材料メーカーが、存在感を強めています。これらに販売を専門とする商社を加えた6業態の企業が、半導体業界では活躍しているのです。

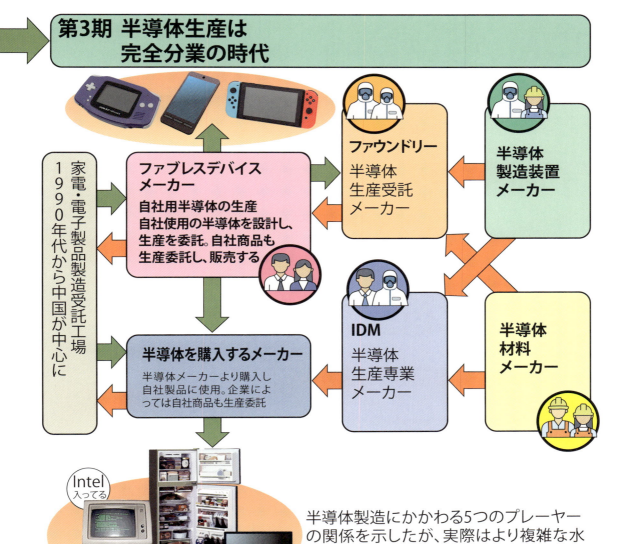

第3期 半導体生産は完全分業の時代

半導体製造にかかわる5つのプレーヤーの関係を示したが、実際はより複雑な水平分業構造をもっている。ここでは半導体商社は除外した

Part 5 半導体の仕事世界を知る ③

半導体メーカーの自前と委託 そのメリットとデメリットとは

垂直統合型から分業型へ

かつてインテルは半導体メーカーの代名詞でした。世界で初めて集積回路を開発し、現在のCPUの原型を発表して以来、常に業界のリーダーでした。技術開発で先頭を走り、新たな半導体を企画設計・製造し、自ら営業して販売する。このIDM（垂直統合型デバイスメーカー）と呼ばれる事業形態が、半導体企業のスタンダードでした。

IDMの強みは、垂直統合された事業効率のよさと顧客の要望に応えた独自仕様の製品開発が容易なこと。1980年代後半から、インテルを脅かした日本の半導体メーカーも、

IDM 開発・製造・販売 全部自前で行う

かつての正統派？ 今ちょっと苦しいのはなぜ？

数字は2023年売上高
出典：Omdia 2024

- 革新的アイデアの研究ができる
- 独自技術の秘密を守る。でも生産工場の維持が重荷だ
- 顧客のニーズにぴったりの製品開発が可能

#	企業	説明	売上高
1	intel	インテル 世界最大の半導体製造企業	511億ドル
2	SAMSUNG	サムスン電子 世界最大のメモリの生産企業	443億ドル
3	SK hynix	SKハイニクス DRAMとフラッシュメモリ生産	236億ドル
4	infineon	インフィニオン・テクノロジーズ パワー半導体・産業用半導体メーカー	172.9億ドル
5	ST	STマイクロエレクトロニクス スイスの半導体企業	172.8億ドル
6	TEXAS INSTRUMENTS	テキサス・インスツルメンツ 世界で最初にシリコントランジスタを開発	166億ドル
7	Micron	マイクロン・テクノロジー フラッシュメモリ中心の企業	159億ドル
8	NXP	NXPセミコンダクターズN.V. オランダの半導体メーカー	130億ドル
9	RENESAS	ルネサスエレクトロニクス 日本の車載半導体中心のメーカー	104億ドル
10	SONY	ソニーセミコンダクタソリューションズ イメージセンサーを中心に生産	102億ドル

日本からの技術移転で始動した韓国のサムスン電子もこの事業形態を受け継ぎました。

この盤石の事業形態に、思わぬことから小さな亀裂が生まれます。アップルという新興のパソコンメーカーからインテルに、スマートフォンという携帯電話に使う独自仕様のCPUの製造依頼が舞いこんだのです。しかし当時パソコン向けCPUの開発製造が絶好調だったインテルは、これを拒絶。このときアップルの苦難を救ったのがサムスン電子でした。この韓国企業とアップルは特許で争うことになりますが、次にアップルに救いの手を伸ばしたのが台湾のTSMCでした。その後の展開はよく知られる通りです。アップルのスマートフォンは世界を席巻。そのCPUの製造を担ったTSMCはファウンドリーとしての地位を確立します。

TSMCがアップルの依頼を受けたことで、自らは工場をもたずに新しい半導体を開発するファブレス企業が自立し、その製造を受けもつファウンドリーという業態が巨大な生産力をもつこととなったのです。

FABLESS
新興IT企業はこれを選択する

工場をもたないから、自社商品の企画・開発に専念できる

- 工場の負担がないと経営が楽
- 最先端技術の生産工場は数が少ないため、発注競争になる
- 納期や価格交渉では、工場が強い

1 NVIDIA エヌビディア
GPU、AI用半導体メーカー
491億ドル

2 Qualcomm クアルコム
モバイル系半導体メーカー
309億ドル

3 BROADCOM ブロードコム
通信インフラ系半導体メーカー
284億ドル

5 Apple Inc.
PC、モバイルメーカー
186億ドル

Foundry

4 AMD アドバンスト・マイクロ・デバイセズ
互換CPUメーカー
224億ドル

6 MEDIATEK MediaTek Inc.
台湾の半導体設計
138億ドル

HISILICON ハイシリコン
（2023年第4四半期の売上高）
中国の通信機器メーカー最大手ファーウェイの子会社
70億ドル
（出典：Canalys）

Google　Amazon
Meta　IBM

アメリカの巨大テック企業もファブレス企業だが、数字は公表されていない

日本の企業も健闘

ソシオネクスト
ロジック半導体メーカー
約**15**億ドル
会社四季報2024年度より

メガチップス
ゲーム用半導体メーカー
約**4**億ドル
会社四季報2024年度より

Part 5 半導体の仕事世界を知る ④

ファウンドリーはTSMCの1強体制
製造装置と材料の分野で日本が大健闘

半導体製造を支える装置と資材

長く電子技術の後進国であった台湾が、一躍半導体大国になったのは、1985年に台湾の半導体産業育成の指導者として招かれたモリス・チャンの功績によるものでした。

チャンは当時57歳。半導体産業の黎明期からアメリカで働いていた彼は、テキサス・インスツルメンツ社の社長候補から漏れ、失意のなかにいました。チャンには長年の夢がありました。それは半導体の設計と製造を分離して、お互いが協業する新しい半導体産業の仕組み作りでした。チャンは、この夢の半導体製造工場を台湾に創設。それ

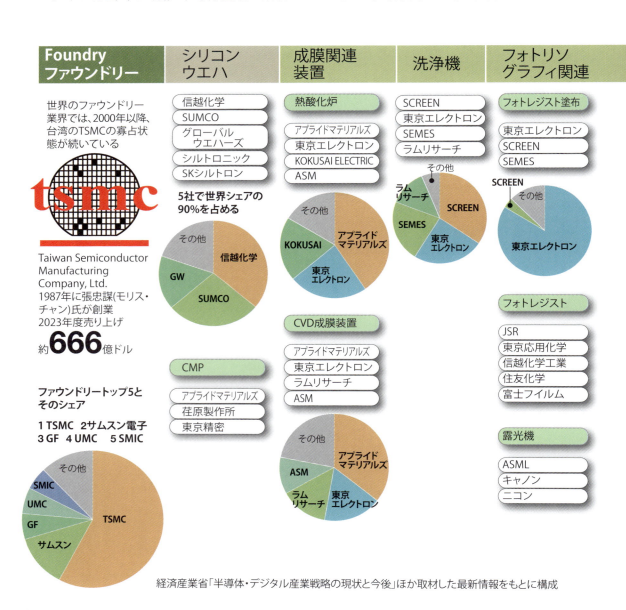

経済産業省「半導体・デジタル産業戦略の現状と今後」ほか取材した最新情報をもとに構成

が世界初にして今や世界最大のファウンドリー、TSMCの始まりでした。

　半導体製造を専業で担うTSMCの登場は、工場をもたない世界のファブレスメーカーの受け皿となり、設計と製造の分離・協業体制が整います。さらに、このTSMCに始まるファウンドリーを支えているのが、半導体を製造する製造装置と、半導体製造に必要な製造材料を提供する企業です。その多くが日本企業であり、世界シェアの上位を争う存在として健闘しているのです。

　日本の半導体産業は、1990年代に入り、一気に衰退しました。日本の電気産業の経営者が半導体の次の需要を読み誤ったことが原因でした。しかし、その産業を支えていた製造装置と材料企業は衰退しませんでした。新たな顧客を海外に求めたのです。

　半導体製造に求められる技術革新、新たな素材の登場に、日本の企業は卓越した技術力で応え続けています。世界の半導体産業の土台を支えているのは、東京エレクトロンを始めとする日本の企業群なのです。

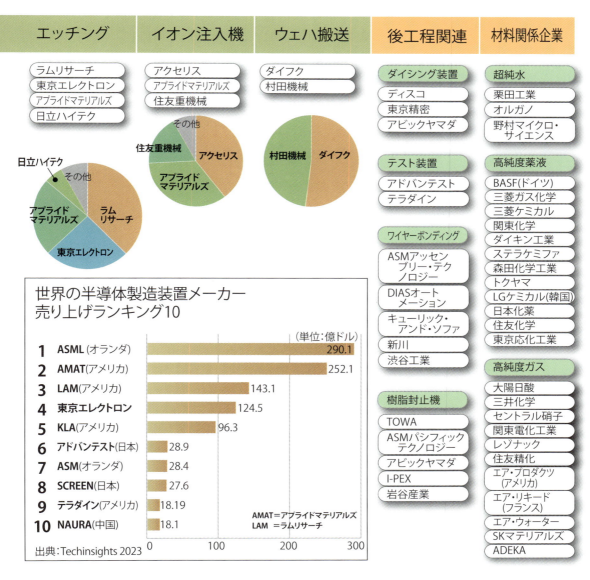

世界の半導体産業を牽引する6地域 その競争と協業、そして覇権

アメリカを軸に回る半導体経済圏

　下に示した図は、世界の半導体産業全体の動向を把握するために、生産力、販売力、需要力（ここでは出荷先国の割合）に分けて、主要な6つの国と地域の実績を数値化して比較したものです。

　この図を見てわかるように、世界の半導体産業は、太平洋を囲んでアメリカとアジア4地域、それにヨーロッパを加えた6つの限られた地域で展開されています。

　特に目を引くのはアメリカです。生産と需要が低く、それでいて販売は圧倒的。それと好対照なのが中国です。生産、販売は

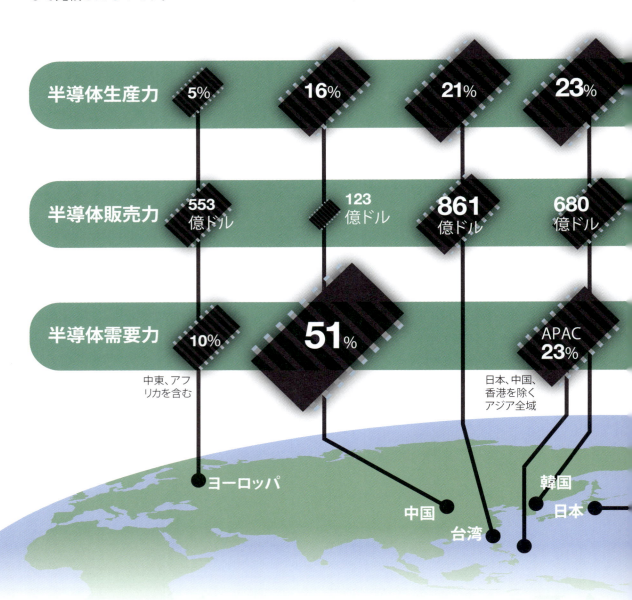

弱いのに世界の半導体の半分以上を消費しています。この構造は、これまで見てきた半導体企業の動向を照らせば明らかです。

世界の主要半導体メーカーはアメリカにありますが、インテルを例外に、その多くが生産を外部に委託するファブレス。その委託先が台湾と韓国。両者の生産力の高さはこのためです。そして、完成した半導体は、アメリカ企業から世界中に販売されます。その相手先の筆頭が、世界の工場中国です。アメリカのアップルも、ここ中国でiPhoneを生産しています。この一連の流れが示すように、世界の半導体経済圏は、巨大なアメリカの半導体メーカーの動きを軸に回っているのです。

この半導体経済圏のなかで、やや遅れをとっているのが日本です。日本企業は半導体製造装置と材料の分野では存在感を示していますが、現状、半導体の生産分野では低調です。かつては世界のDRAMの大半を生産し、アメリカを凌駕した日本の半導体産業。その復活はあるのでしょうか。

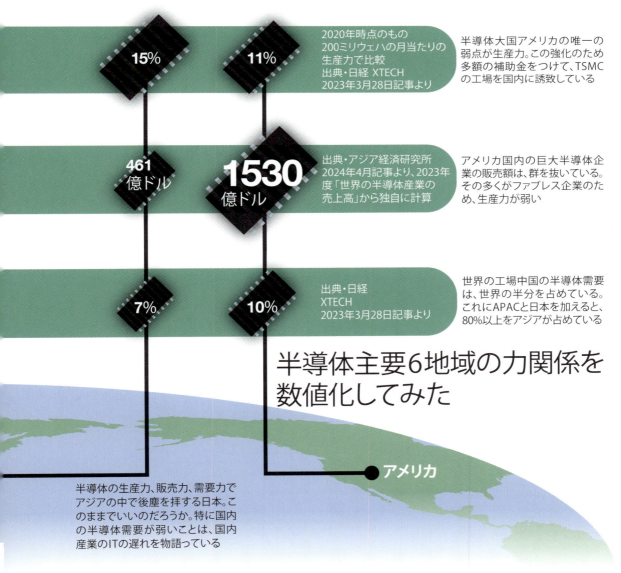

半導体主要6地域の力関係を数値化してみた

日本の半導体産業復活への路
最大の課題は若い人材の確保

ポストコロナの半導体戦略

2020年に始まった新型コロナウイルスのパンデミックは、世界に多くの教訓を残しました。その教訓を最も深刻に受けとめたのが、日本の半導体産業かもしれません。

パンデミックにより、自国の産業に必要な半導体の生産を外国に依存しているリスクが露呈。人と物の移動が制限され、工場生産が停滞します。コロナ禍が去り、経済活動が再開しても、半導体工場には出荷する製品がありません。日本の基幹産業である自動車も、生産中止に追いこまれました。

特にTSMCが位置する台湾の存在は、一

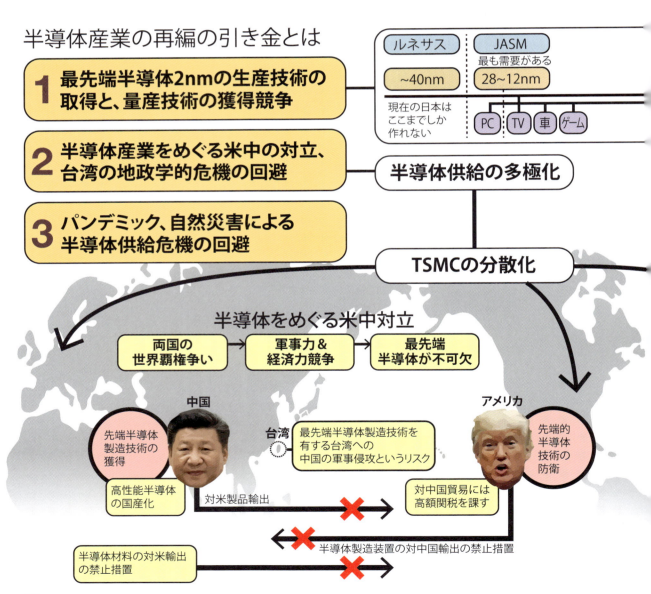

局集中のリスクの象徴ともいえました。台湾には大陸中国との政治的な問題があります。中国の習近平主席は、台湾を中国固有の領土として、武力併合を辞さない構えです。しかも中国は、アメリカと世界の覇権を争い、半導体貿易についても対立しています。

　日本の半導体産業は、この構造的なリスクを回避し、同時に世界規模で進行する半導体産業の再編成を利用して復活を図るために、2つの大きな試みを始めました。1つはTSMCと日本の合弁企業JASMを九州熊本に設立し、日本が必要とする20nm〜12nm半導体の自国生産を実現すること。もう1つは、最先端の2nmレベルの半導体の量産技術を獲得するため、ラピダス社というファウンドリー企業を設立したことです。

　日本政府はこの2つの事業以外にも、合わせて4兆円という補助金などでの支援体制を整えています。しかし最後に大きな問題があります。これらの事業を支える人材の不足です。日本の半導体産業の最大の課題は、若い人材の確保なのです。

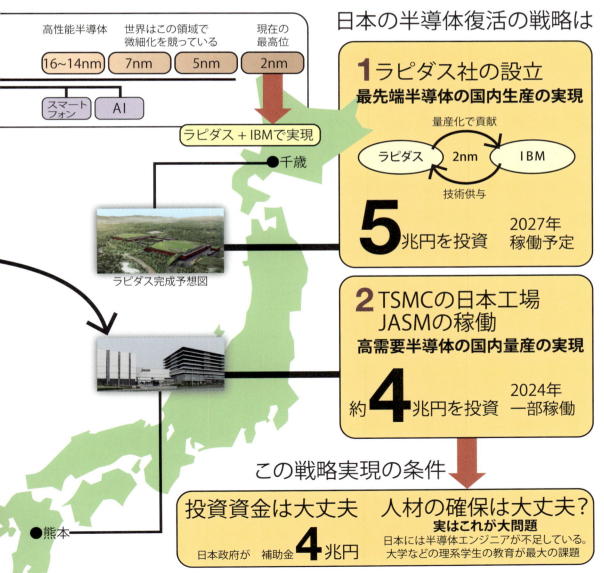

半導体の奥深い世界に触れて

　半導体が発明されてから約70年。電子の動きを制御するという、極めて微細な半導体の働きを、人間は英知を傾けて追求し、暮らしに利用し続けてきました。そして現在、その存在が大きくクローズアップされています。

　そこで今回の「図解でわかる」シリーズでは、これからの時代を生きる皆さんに、ぜひ知ってほしいテーマとして、半導体を取りあげました。しかし、企画を進めるとすぐに、半導体のもつ広大な世界の前で、呆然と立ちつくしてしまいました。

　半導体があって初めて生み出されたコンピュータは、人間の知能に迫るAI（人工知能）を出現させ、その働きは日常生活から産業のあらゆる現場に及ぼうとしています。そのコンピュータを支える半導体の製造技術に至っては、現代物理学がたどり着いた、物質の最小単位の量子にも迫る超微細な世界で展開されています。極めて専門的で奥深く、素人にとっては迷宮のような世界です。

　そのため本書は、世界的な半導体業界団体、SEMIジャパンのご監修を仰ぎ、様々な情報のご提供とご助言を賜りました。とりわけ代表取締役の浜島雅彦さんには、半導体と私たちの暮らしの歴史、そして電子機器としての半導体の働きをわかりやすくお教えいただきました。

　また、「Part4 半導体製造の現場から」の制作にあたっては、日本を代表する半導体製造装置メーカー、東京エレクトロン株式会社のご協力を賜り、代表取締役社長・CEOの河合利樹さんには、半導体業界の現状と展望、半導体製造の現場とその製造技術の実際などをお教えいただきました。

　本書はこうしたご専門家のお力添えなくしては、完成しませんでした。ご協力くださった全ての皆様に、この場を借りて深く御礼申し上げます。万が一、本書の記述に不備がありましたら、すべて編集部の力不足によるものです。

　本書をお読みくださり、小さな半導体の存在と働きを知った皆さんの目には、見慣れた家電製品や通信機器が、これまでとは違って見えてくるのではないでしょうか。本書が半導体世界の理解に役立ち、読者の皆さんの中から、未来の半導体エキスパートが誕生することを願っています。

参考文献

『半導体・デジタル産業戦略の現状と今後』(経済産業省)

『半導体産業のすべて 世界の先端企業から日本メーカーの展望まで』(菊地正典著、ダイヤモンド社刊)

『半導体戦争 世界最重要テクノロジーをめぐる国家間の攻防』(クリス・ミラー著、ダイヤモンド社刊)

『今と未来がわかる 半導体』(ずーぼ著、ナツメ社刊)

『図解でわかる 半導体製造装置』(菊地正典監修、日本実業出版社刊)

『最新図解 電気の基本としくみがよくわかる本』(福田務監修、ナツメ社刊)

『図解入門 よくわかる 最新スマートフォン技術の基本と仕組み』(小笠原種高著、大澤文孝監修、秀和システム刊)

『絵で見てわかる量子コンピュータの仕組み』(宇津木健著、徳永裕己監修、翔泳社刊)

『週刊ダイヤモンド 2024/02/24 半導体沸騰』(ダイヤモンド社刊)

『図解でわかる 14歳から考えるAIの未来と私たち』(インフォビジュアル研究所著、太田出版刊)

『図解でわかる 14歳から知る人類の脳科学、その現在と未来』(松元健二監修、インフォビジュアル研究所著、太田出版刊)

参考サイト

SEMI ● https://www.semijapanwfd.org/

SEMI-NET ● https://semi-net.com/

東京エレクトロン ● https://www.tel.co.jp/

東京エレクトロンデバイス ● https://www.inrevium.com/

東芝「1号機ものがたり」 ● https://toshiba-mirai-kagakukan.jp/history/ichigoki/products.htm

ソニー ● https://www.sony.com/ja/

ルネサス ● https://www.renesas.com/ja

パナソニックインダストリー ● https://industrial.panasonic.com/jp

パナソニック ● https://av.jpn.support.panasonic.com/support/dsc/knowhow/knowhow27.html

ソニーセミコンダクタソリューションズ ● https://www.sony-semicon.com/ja/feature/2023042001.html

富士通 ● https://www.fujitsu.com/jp/about/businesspolicy/tech/k/whatis/processor/cpu.html

NEDO Web Magazine ● https://webmagazine.nedo.go.jp/practical-realization/articles/201202nuflare/

EDN Japan ● https://edn.itmedia.co.jp/

EE Times Japan ● https://eetimes.itmedia.co.jp/

日本ポリマー ● https://nihon-polymer.co.jp/

ナノエレクトロニクス ● https://www.s-graphics.co.jp/nanoelectronics/index.htm -

NHK クローズアップ現代「半導体最新事情」 ● https://www.nhk.jp/p/gendai/ts/R7Y6NGLJ6G/blog/bl/
pkEldmVQ6R/bp/pAadMozb6L/

J-STAGE ● https://www.jstage.jst.go.jp/

黒物家電館 ● https://kuromonokaden.com/2019/02/23/sony-tr-55/

Field Archive Inc. ● https://note.com/field_archive/n/n58b36b4b71d5

STUDIO OUR HOUSE ● https://our-house.jp/tube%20and%20tr/

The 社史 ● https://the-shashi.com/tse/6758/

TschEyesOnline ● https://www.techeyesonline.com/

PC Watch ● https://pc.watch.impress.co.jp/

Time to enjoy ● https://timetoenjoy.info/iphone-rekidaiichiran#google_vignette

AUROR ● http://auror.design/neuromophic-sensor/

COINPOST ● https://coinpost.jp/?p=570219&from=noad

fabcross for エンジニア ● https://engineer.fabcross.jp/archeive/171101_self-learning-chip.html

TECH ＋ ● https://news.mynavi.jp/techplus/

PR TIMES ● https://prtimes.jp/main/html/rd/p/000000544.000007141.html

WIRED ● https://wired.jp/2017/04/18/google-building-ai-chip/

ビジネス＋ IT ● https://www.sbbit.jp/article/cont1/35264

Semiconportal ● https://www.semiconportal.com/archive/contribution/applications/170418-neurochip5-1.html

XenoSpectrum ● https://xenospectrum.com/intel-unveils-hala-point-the-worlds-largest-neuromorphic-system-
with-1-15-billion-neurons/#google_vignette

ミカド ONLINE ● https://mikado-denso.com/m-online/archives/post5445

Dospara plus ● https://dosparaplus.com/library/details/000731.html

パソコン工房 NEXMAG ● https://www.pc-koubou.jp/magazine/23926

ASCII.jp ● https://ascii.jp/elem/000/000/906/906770/

日経 XTECH ● https://xtech.nikkei.com/atcl/nxt/column/18/02748/030800004/

索 引

あ

IC（集積回路）············ 18〜19、20〜21、42〜43
IDM（垂直統合型デバイスメーカー）
·························78〜79、80〜81、82
iPhone ·································24〜25
後工程···························· 59、73〜77
アニール·································· 67
アノード·································· 38
AND回路 ································ 43
イオン注入······························66〜67
井深大·································· 17
イメージセンサー·········· 22〜23、46〜47
イメージプロセッサ ························ 23
岩間和夫·································· 17
インゴット····························58、61
インテル ·················· 19、44、82〜83
インテル 4004 ····················· 19、44
ウェハ·································58〜73
AI（人工知能） ·········· 12〜13、26〜27
SRAM ································50〜51
エッチング·······························66〜67
N型半導体········· 23、33、38〜39、40〜41、66
エヌビディア····················· 26〜27、83
エミッタ·································40〜41
LED（発光ダイオード）··· 23、36〜37、39、46〜47
LSI（大規模集積回路）············· 19、20〜21、44
OR回路 ································ 43

か

カシオミニ·································· 19
カソード·································· 38
価電子···················· 30〜31、32〜33、34
貫通垂直配線····························· 75
揮発性メモリ······························ 50
逆方向·································39、41
キャッシュメモリ····················50〜51
キャリア····························33、35、38
共有結合····················· 32、34〜35
キルビー（ジャック）······················ 18
空乏層·············· 38〜39、40〜41、47
クリーンルーム·························58〜59
クロック数·······························24、49
クーロン力·································· 28

計算·································· 43
ケイ石·································· 61
ゲート長·································· 69
ゲーム機····················· 24〜25、80
ゲルマニウム······················17、31、34
検査····························· 72〜73、77
コア·································25、49
高層メモリ·······························52〜53
コレクタ·································40〜41

さ

再生可能エネルギー·················· 14〜15
サムスン電子·························82〜83
3次元実装····················· 52〜53、75
CMP法 ································ 71
自動運転············· 11、13、25、26〜27
CPU（中央演算処理装置）······20、22〜23、24〜25、
44〜45、48〜49、51
GPU（グラフィックスプロセッシングユニット）
·················· 10、25、26〜27、49
自由電子········· 29、30〜31、33、38〜39、46〜47
順方向·······························39、41
ショックレー（ウィリアム）·················· 7
シリコン···31、32〜33、34、61、66〜67、68〜69
真空管·································· 16
真性半導体·································· 33
スイッチ機能··················· 36〜37、41、43
ストレージ·································· 51
スパッタリング·································· 63
スマートフォン（スマホ）······ 24〜25、46〜47、83
正孔（ホール） ······ 35、38〜39、40〜41、46〜47
成膜·································62〜63
絶縁体·································30〜31
SEMI ································ 16
全加算器·································· 43
洗浄·································· 62
増幅····························· 36〜37、41

た

ダイオード····················· 38〜39、42
ダイシング·································· 73
太陽電池···················· 23、36〜37、47

92

脱炭素……………………………… 14〜15、57
ダマシン法………………………………70〜71
チップ（シリコン）……… 9、23、42、52〜53、
59、68〜69、72〜73、
74〜75、76〜77
チップレット…………………… 52〜53、74〜75
チャン（モリス）………………………… 84
TSMC …………………… 81、84〜85、88〜89
ディープラーニング…………… 10、26〜27
DRAM ………………………………50〜51
デジタル＆グリーン…………… 11、14〜15
デジタルカメラ………… 10、22〜23、46〜47
電気………………………………28〜37
電子………… 28〜29、30〜31、40〜41
電子殻………………… 30〜31、32
電卓………………………………… 19、43
電流……… 31、33、35、36〜37、39、41
銅……………………… 30〜31、69、70〜71
東京エレクトロン………… 54〜57、84〜85
導体………………………………30〜31
ドライエッチング………………… 53、66〜67
トランジスタ…………… 8〜9、16〜17、18〜19、
22〜23、37、40〜41、
42〜43、68〜69

な

ナノメートル（nm）………………… 8〜9、59
２進数………………………………36、43
ノイス（ロバート）………………………… 18
NOT回路 ………………………………… 43

は

配線………………… 18、69、70〜71
パーソナルコンピュータ（パソコン、PC）
…………………………10、22、80
パーティクル………………………58〜59
バーディーン（ジョン）………………… 17
半加算器……………………………… 43
半導体…………………………………… 31
半導体材料………… 79、81、85、87
半導体市場…………………………… 54
半導体製造装置……………… 54、56〜57、87
半導体製造装置メーカー………79、81、85

半導体デバイス………………31、54、59
PN結合 ……………………… 38、46〜47
P型半導体………… 34〜35、38〜39、40〜41、66
ビジコン……………………………………… 44
ビット………………………22、24、49
ヒントン（ジェフリー）………………26〜27
ファウンドリー……… 78、81、83、84〜85
ファブレス……… 78〜79、81、83、85、87
フォトマスク……… 58〜59、60〜61、64〜65
フォトリソグラフィ………………64〜65
フォトレジスト……… 64〜65、66〜67
不揮発性メモリ………………………50〜51
フラッシュメモリ………… 50〜51、52
ブラッテン（ウォルター）………………… 17
フリップチップ………………………… 74
ベース………………………………40〜41
ベル研究所………………………16〜17
ホウ素（ボロン）………… 34、66〜67
ボンディング………………………74〜75

ま

マイクロコントローラ（マイコン）
…………………… 20〜21、44〜45
マイクロプロセッサ………………………… 19
マイクロメートル（μm）………… 9、23、53
前工程………… 58〜59、62〜72
ムーアの法則……………………………… 22
メモリ……… 45、48〜49、50〜51
メモリカード……………………23、51
メモリセル………… 50、52〜53
盛田昭夫………………………………… 17
モールディング………………………… 76

ら

ラピダス………………………………… 89
RAM ……………………… 45、50〜51
リードフレーム……… 74〜75、76〜77
量子コンピュータ………………11、13、15
リン……………………… 33、66〜67
ルネサス………………………………… 88
ROM …………………… 45、50〜51
論理回路………………………………… 43

93

インフォビジュアル研究所既刊 「図解でわかる」シリーズ

好評発売中

『図解でわかる ホモ・サピエンスの秘密』
最新知見をもとにひも解く、おどろきの人類700万年史。この1冊を手に、謎だらけの人類700万年史をたどる、長い長い旅に出よう。
定価（本体1200円＋税）

『図解でわかる 14歳からの お金の説明書』
複雑怪奇なお金の正体がすっきりわかる図解集。この1冊でお金とうまく付き合うための知識を身につける。
定価（本体1200円＋税）

『図解でわかる 14歳から知っておきたい AI』
AI（人工知能）を、その誕生から未来まで、ロボット、思想、技術、人間社会との関わりなど、多面的にわかりやすく解説。AI入門書の決定版！
定価（本体1200円＋税）

『図解でわかる 14歳からの 天皇と皇室入門』
いま改めて注目を浴びる天皇制。その歴史から政治的、文化的意味まで図解によってわかりやすく示した天皇・皇室入門の決定版！
山折哲雄・監修、大角修・共著　定価（本体1200円＋税）

『図解でわかる 14歳から知っておきたい 中国』
巨大国家「中国」を俯瞰する！中国脅威論や崩壊論という視点を離れ、中国に住む人のいまとそこに至る歴史をわかりやすく図解！
北村豊・監修　定価（本体1200円＋税）

『図解でわかる 14歳から知る 日本戦後政治史』
あのことって、こうだったのか！図解で氷解する日本の戦後政治、そして日米「相互関係」の構造と歴史。選挙に初めて行く18歳にも必携本！
定価（本体1200円＋税）

『図解でわかる 14歳から知る 影響と連鎖の全世界史』
歴史はいつも「繋がり」から見えてくる。「西洋/東洋」の枠を越えて体感する「世界史」のダイナミズムをこの1冊で！
大角修・共著　定価（本体1200円＋税）

『図解でわかる 14歳から知る 人類の脳科学、その現在と未来』
人類による脳の発見から、分析、論争、可視化、そして機械をつなげるブレイン・マシン・インターフェイスとは？脳研究の歴史と最先端がこの1冊に！
松元健二・監修　定価（本体1300円＋税）

『図解でわかる 14歳からの 地政学』
シフトチェンジする旧大国、揺らぐEUと中東、動き出したアジアの時代。「平和のための地政学的思考」の基礎から最前線までをこの1冊に！
鍛治俊樹・監修　定価（本体1500円＋税）

『図解でわかる 14歳からの 宇宙活動計画』
旅する、はたらく、暮らす、知る…。宇宙はどんどん身近になる。2100年までの宇宙プロジェクトはもう動き出している。その時、きみはどこにいる？
定価（本体1500円＋税）

SDGsを学ぶ

『図解でわかる 14歳からの プラスチックと環境問題』
海に流出したプラスチックごみ、矛盾だらけのリサイクル、世界で進むごみゼロ運動。使い捨て生活は、もうしたくない。その解決策の最前線。
定価（本体1500円＋税）

『図解でわかる 14歳から考える 資本主義』
資本主義が限界を迎えたいま、SDGsがめざす新しい社会のあり方を考える。「どの本よりも分かりやすく"経済"を図解している」経済アナリスト・森永卓郎氏推薦！
定価（本体1500円＋税）

『図解でわかる 14歳からの水と環境問題』
SDGsの大切な課題、人類から切り離せない「水」のすべて。「水戦争の未来」を避けるための、基本知識と最新情報を豊富な図で解説。
定価（本体1500円＋税）

『図解でわかる 14歳から知る 食べ物と人類の1万年史』
WFP（国連世界食糧計画）が2020年ノーベル平和賞を受賞したわけは？「生きるための食べ物」はいつから「利益のための食べ物」になったのか。食べ物史1万年を追う。
定価（本体1500円＋税）

『図解でわかる 14歳から知る 気候変動』
多発する水害から世界経済への影響まで、いま知っておきたい、気候変動が引き起こす12のこと。アフターコロナは未来への分岐点。生き延びる選択のために。
定価（本体1500円＋税）

『図解でわかる 14歳からの脱炭素社会』
日本が2050年を目処に実現すると表明した「脱炭素社会」。温室効果ガスの排出量「実質ゼロ」を目指し、自分も、地球も、使い捨てないために、私たちができることは？
定価（本体1500円＋税）

※印は社会応援ネットワーク著

『図解でわかる 14歳からの 自然災害と防災』※
「こんな時はどうしたらいい？」日頃の備えから被災時の対応の仕方まで、中高生からリクエストの多かった質問、身近で素朴な疑問に専門家が回答。　諏訪清二・監修　定価(本体1500円＋税)

『図解でわかる 14歳から考える 民主主義』
民主主義の危機って、どういうこと？　民主主義の基礎から、ITとAIによるデジタル直接民主主義まで。これからの世代のための、民主主義の作り直し方。　定価(本体1500円＋税)

『図解でわかる 14歳からの ストレスと心のケア』※
悲しいニュースをみると胸が苦しくなる…。スマホがないと不安…。家族、友だち関係、いじめ、トラウマ、鬱…、ストレスに向き合い、解決に導く1冊！　冨永良喜・監修　定価(本体1500円＋税)

『図解でわかる 14歳からの 金融リテラシー』※
円高や円安ってどういうこと？　NISAって何？　将来、何にお金がかかるの？基礎的な金融用語から、投資の基本知識、お金のトラブル事例や対処法まで、図解で解説！　定価(本体1,500円＋税)

『図解でわかる 14歳から知る 裁判員裁判』
18歳から参加できるようになった裁判員裁判。裁判の基礎知識からシミュレーションまで。人を裁くことへの向き合い方。
　　　　　周防正行・序文、四宮啓・監修　定価(本体1500円＋税)

『図解でわかる 14歳から学ぶ これからの観光』※
観光×地方創生、SDGs、地域活性化…「観光教育」の決定版！世界中の人々が観光で互いに理解を深め、誤解や差別・偏見を無くしていくことが、平和な社会の実現に。　定価(本体1500円＋税)

『図解でわかる 14歳から考える AIの未来と私たち』
AI(人工知能)新時代、その全貌、芸術から戦争まで。AIが人間の知能を超えるときが迫っている。そんな未来でAIは人を「幸せ」にできるのか？　定価(本体1500円＋税)

世界の宗教と文化シリーズ

『図解でわかる
14歳から知る 日本人の宗教と文化』
日本人の7割以上が無宗教?!　それは、大きな誤解。万物に命を感じ ゆるーく神仏を祀る。縄文から続く日本人の宗教と文化をたどる。山折哲雄・監修、大角修・共著
定価（本体1500円＋税）

『図解でわかる
14歳から知る キリスト教』
世界史を理解するために、世界最大の宗教を知る。世界の3人に1人が信者。国際社会の動向を把握するうえで無視できない存在＝キリスト教。
山折哲雄・監修　定価（本体1500円＋税）

『図解でわかる
14歳から知る インド・中国の宗教と文化』
世界史をつくった2大文明の基礎。仏教、ヒンドゥー教、道教、儒教をビジュアルで理解する。現代西欧型文明の混迷から再び見直される、21世紀の東洋の叡智。
山折哲雄・監修、大角修・共著
定価（本体1500円＋税）

『図解でわかる
14歳から知る イスラム教』
世界でイスラム教徒が増えている理由。じつは楽しく、優しい宗教だから？　イスラム教徒の暮らしと文化、その教えから経済事情まで、徹底解説。
山折哲雄・総監修、私市正年・監修
定価（本体1500円＋税）

『図解でわかる
14歳からのLGBTQ＋』※
さまざまな性のあり方を知れば、世界はもっと豊かになる。4つの身近なテーマと32の問いで、ジェンダー問題をより深く、より正しく知る。
定価(本体1500円＋税)

『図解でわかる
14歳から知る ごみゼロ社会』
SDGsの超基本。ごみの本質を知って暮らしの未来を考え、ゼロ・ウェイスト社会へ。日本にもリサイクル率80％の町がある!!
定価(本体1500円＋税)

『図解でわかる
14歳から知る 生物多様性』
気候変動と並ぶSDGsの大問題。私たちの便利な暮らしが生物の大絶滅を引き起こす!?　地球だけがもつ奇跡の多様性を守るために、いま知っておくべきこと。
定価(本体1500円＋税)

監修 SEMIジャパン
SEMIは、世界の半導体開発製造関連企業3000社が会員として参加する、グローバルな業界団体。国境を超えて、会員企業の事業を推進し、業界の発展に寄与することを目的とする。その活動は、製造技術の標準化、業界の統計レポート発行、国際会議や展示会の開催、人材育成支援など多岐にわたる。

著 インフォビジュアル研究所
2007年より代表の大嶋賢洋を中心に、ビジュアル・コンテンツを制作・出版。主な作品に『イラスト図解 イスラム世界』(日東書院本社)、『超図解 一番わかりやすいキリスト教入門』(東洋経済新報社)、「図解でわかる」シリーズ『ホモ・サピエンスの秘密』『14歳からのお金の説明書』『14歳からのプラスチックと環境問題』『14歳から考える民主主義』『14歳から知る生物多様性』『14歳から知る裁判員裁判』『14歳から知る日本人の宗教と文化』『14歳から知るキリスト教』『14歳から知るインド・中国の宗教と文化』『14歳から知るイスラム教』『14歳から考えるAIの未来と私たち』(太田出版) などがある。

大嶋賢洋の図解チャンネル
YouTube
　https://www.youtube.com/channel/UCHlqlNCSUiwz985o6KbAyqw
X (旧Twitter)
　@oshimazukai

企画・構成・図解制作	大嶋 賢洋
編集	豊田 菜穂子
イラスト・図版制作	高田 寛務
イラスト	二都呂 太郎
カバー・本文デザイン・DTP	玉地 玲子
取材協力	東京エレクトロン株式会社
アドバイザー	小林俊朗
校正	鷗来堂

図解でわかる
14歳から知る 半導体と私たち
2025年2月2日 初版第1刷発行

監修　SEMIジャパン
著者　インフォビジュアル研究所

発行人　森山 裕之
発行所　株式会社太田出版
〒160-8571 東京都新宿区愛住町22 第三山田ビル4階
Tel.03-3359-6262　Fax.03-3359-0040
http://www.ohtabooks.com
印刷・製本　中央精版印刷株式会社

ISBN 978-4-7783-1999-1　C0030
©Infovisual laboratory 2025 Printed in Japan
定価はカバーに表示してあります。乱丁・落丁はお取替えいたします。
本書の一部あるいは全部を利用 (コピー等) する際には、著作権法の例外を除き、著作権者の許諾が必要です。